Andreas Beer

Was uns verbindet

AF191013

Andreas Beer

Was uns verbindet

Inhalt

Teil 3

Achtsam Zubereiten

Teil 4

Achtsam Lernen

Dank

Ich bedanke mich bei meinen Großeltern Amalia und Ernst Beer, die mich die Erhabenheit des Jagens und das waidmännische Handeln lehrten. Ebenso gilt mein Dank meinen offenherzigen Eltern Ulrike und Markus Beer, die mich von Kindesbeinen an mit der Jagdkultur vertraut machten.

Meiner Tante Waltraud Jansen danke ich für die kniffeligen Fragen zur Vorbereitung auf meine Jägerprüfung und meinem Onkel Adolph Jansen für die Weitergabe seines Jagdgewehrs »Krieghoff Trumpf«. Die größte Dankbarkeit gilt meiner Frau Franziska Beer, die meinen ausschweifenden Erzählungen über die Jagd zuhört. Danke für den Freiraum und die Zeit, die ich im Wald verbringen darf. Gemeinsam genießen wir jedes Gramm Wildbret. Herzlichen Dank an all jene, die mich auf meinem jagdlichen und kulinarischen Weg begleiten und unterstützen.

Andreas

Die Jägersprache

Liebe Leserinnen, liebe Leser,

die Jägersprache oder Waidmannssprache ist ein spezieller Jargon mit vielen Fachwörtern. Diese Sprache dient nicht nur dem traditionellen Brauchtum, sondern auch der präzisen Kommunikation unter Jägern. In meinem Buch liegt der Fokus darauf, Ihnen näherzubringen, wie gewinnbringend die Jagd ist, wenn man bereit ist, sich auf die Natur einzulassen. Um das Lesen zu erleichtern, habe ich weitgehend auf Fachbegriffe verzichtet. Bei einigen Begriffen war das jedoch nicht möglich, da sonst die authentische Atmosphäre verloren gegangen wäre. Für mehr Lesevergnügen erkläre ich die wichtigsten Begriffe auf den nachfolgenden Seiten.

Anblick

Anblick beschreibt das Auftauchen von Wild bei der Jagd und kann synonymisch für Wildbeobachtung verwendet werden. Einen guten Anblick wünschen sich Jäger auch als Grußformel und für ein schönes Jagderlebnis. ► Seite 23, 32

Antragen

Einen Schuss auf ein Stück Wild abgeben.

► Seite 39

Apfeltrester

Apfeltrester sind die Pressrückstände (Trester), die bei der Herstellung von Apfelsaft anfallen. ► Seite 28

Aufbrechen

Aufbrechen ist das Herausnehmen der Innereien von Wild. Hierzu werden das Geräusch (Herz, Lunge, Leber, Milz und Nieren) und das Gescheide (Organe der Bauchhöhle) ausgenommen. ► Seite 40, 78

Begehungsscheininhaber

Wer die Jagd nicht in seinem eigenen Revier ausübt, d. h. weder Pächter noch Eigenjagdbesitzer ist, dem steht die Möglichkeit offen, in einem fremden Revier als sogenannter »Begehungsscheininhaber« eine Jagderlaubnis zu erhalten. ► Seite 86

Dickung

Die Dickung zeichnet sich durch ihren dichten Wuchs aus (Äste berühren sich). Die Dickung bietet dem Wild gute Deckung. ► Seite 35

Hundert Meter Fleck

Ein Fleckschuss liegt vor, wenn die Waffe auf eine bestimmte gewählte Entfernung genau auf den Haltepunkt des Absehens (optische Visiereinrichtung) schießt. ► Seite 33

Kanzel

Auch Hochsitz, Ansitz(-einrichtung) oder Jägerstand: Eine Jagdeinrichtung, die Jäger im Revier aufstellen. Sie ist die wohl wichtigste Einrichtung zur Ausübung der Jagd. An ausgewählten Plätzen sicher aufgestellt, ermöglicht sie dem Jäger Beobachtungen im Revier, ohne das Wild zu stören, und verbessert die sichere und genaue Schussabgabe durch die erhöhte, geschützte Position. ► Seite 15

Luderplatz

Ein Luderplatz ist eine jagdliche Einrichtung, die zum Anlocken von fleischfressenden Tieren, vor allem Raubwild (Fuchs, Marder etc.), dient. Das Anlocken geschieht in der Regel mit toten Tieren oder Teilen davon, dem so genannten Luder. ► Seite 58

Pirschstock

Ein Pirschstock, oder auch Zielstock genannt, ermöglicht dem Jäger auf der Pirsch besonders genaues Zielen und dient damit als Zielhilfe. ► *Seite 26*

Schnüren

Beim Schnüren setzt der Fuchs die Hinterpfote genau in den Abdruck der Vorderpfote. Dadurch sehen die Trittsiegel (Fußspuren) aus, als wären sie an einer Perlenschnur aufgefädelt. ► *Seite 27*

Sichern

Das Wild verhofft (bleibt stehen) und prüft seine Umgebung sorgfältig auf mögliche Gefahrenquellen.
► *Seite 37*

Waidgerecht

Ein in der deutschen Jagd seit Jahrhunderten verwurzelter Begriff, der Sitten, Gebräuche und Regeln der Jagd umfasst. Ein Jäger, der diese geschriebenen und ungeschriebenen Gesetze der Jagdausübung und des Wild- und Naturschutzes beachtet, gilt als waidgerecht. Dabei spielen die Ehrfurcht vor der Schöpfung und damit der Respekt vor dem Wild in all seinen Erscheinungsformen, der Tier-, Natur- und Artenschutz eine besondere Rolle. ► *Seite 39*

Waidmannsheil/Waidmannsdank

Glückwunsch zur Beute und Begrüßung der Jäger untereinander. Erwidert wird mit »Waidmannsdank«.
► *Seite 12*

Wechsel

Wildwechsel, jägersprachlich verkürzt Wechsel, nennt man die Wege, die von Wildtieren regelmäßig benutzt werden. Wild geht bevorzugt ihm bekannte Wege, die im Laufe der Zeit auf dem Boden deutlich erkennbare Pfade ausbilden.
► *Seite 34*

Wildbret

Wildbret, ist Fleisch jagdbarer, wildlebender Tiere.
► *Seite 85, 86*

Prolog

Dezember. Es ist kalt. In den vergangenen Tagen hat es viel geschneit. Doch heute zeigt sich das Wetter von seiner besten Seite: Die Sonne scheint von einem strahlend blauen Himmel. Ich schaue in die Ferne und muss die Augen zusammenkneifen – so fest, dass ich fast Kopfschmerzen bekomme. Hell und gleißend ist die Reflexion der geschlossenen Schneedecke. Aber das stört mich nicht. Ich freue mich über die warmen Sonnenstrahlen, die ich auf meinem Gesicht spüre.

Seit mehreren Tagen sitze ich im Tal und stelle einem Schmalreh nach. Nicht, weil ich in diesem Jagdjahr eine schlechte Strecke gemacht habe. Im Gegenteil: Bereits zehnmal hatte ich *Waidmannsheil**. Jedes dieser gestreckten Tiere war edel: edel in seiner Schönheit, in seiner Anmut, in seinen Bewegungen und vor allem in seiner Fleischqualität. Das ist es, worauf es am Ende eines erfolgreichen Jagdtages für mich als ehemaligen Koch und passionierten Jäger ankommt.

---

* Im Text *kursiv* geschriebene Begriffe werden ab Seite 8, im Kapitel »Jägersprache«, erklärt.

Die trockene Kälte bringt Ruhe mit sich. Ich höre das Flüstern der Baumkronen, die im Wind hin und her wiegen, Äste, die unter der Schneelast brechen und dumpf zu Boden fallen. Ein Mäusebussard schwebt gelassen am Himmel und verschwindet mit zwei kräftigen Flügelschlägen wieder aus meinem Blickfeld. Die Eiskristalle an den Tannenspitzen, die aussehen, als hätte man sie aus Abertausenden kleinen Glasnadeln zusammengesetzt, funkeln wie kleine Sterne.

Weihnachten steht vor der Tür und ich möchte für meine Familie das perfekte Stück Rehwild erlegen. Dafür muss alles passen: das Wetter, der Wind, das Tier und natürlich der Zeitpunkt. Mein Wunsch ist, es so zu erlegen, dass ich es ohne Zwischenstopp im Froster zu einem großartigen Gericht am ersten Weihnachtsfeiertag verarbeiten kann. Deshalb sitze ich hier in der klirrenden Kälte. So kalt und doch so warm.

Der Wald atmet Ruhe aus. Ich versuche, mich in diese Atmosphäre einzufühlen, beobachte meinen Atem, der kleine Wölkchen vor meinem Gesicht bildet, und spüre die frische Luft auf meiner Haut. An meinen Nasenhaaren, meinen Wimpern und meinem Dreitagebart friert die Feuchtigkeit fest. Aber in meinem Inneren sind eine Wärme und Gelassenheit, die ich nur bei der Jagd erlebe. Heute habe ich keinen Jagderfolg, aber vielleicht morgen.

Teil 1

Achtsam Jagen

*Die Essenz der Jagd vereint Fähigkeiten, Techniken
und Traditionen sowie die Verbindung zur Natur
und das Streben nach Erfüllung.*

1. Kapitel

Gut gebettet

Mittwoch. Es ist spät geworden. Morgen muss ich früh raus, denn ich möchte vor Sonnenaufgang auf der *Kanzel* sitzen. Morgen ist der perfekte Tag, um das Schmalreh zu erlegen, denn die Wetteraussichten sind ideal. Knackig kalt, eine dünne Wolkendecke am Himmel und eine Brise aus Westen. Doch Jagd ist Jagd, und da gibt es nun mal keine Garantie. Auf der Fensterbank liegen fünfundzwanzig Zentimeter Neuschnee, weswegen der vom Eis glacierte Rollladen schwer ächzt, als ich ihn herunterlasse. Hoffentlich schaffe ich es bei diesen Schneemassen, mit meinem VW-Bus ins Revier zu kommen. Doch diese Gedanken lenken mich nur kurz ab. In feine Kaschmirwolle gebettet, höre ich den Heizkörper im Schlafzimmer leise summen und spüre die weiche Decke auf meiner Haut. Sie ist warm und kuschelig, und doch freue ich mich schon wieder auf die beißende Kälte im Wald. Ich denke an das Schmalreh, daran, wo es vermutlich seinen Einstand hat. An die Route, die es die vergangenen Tage eingehalten hat. Ich denke an die Schönheit dieses Geschöpfs, an das feste, voluminöse Winterfell und den grazilen Gang. Mit diesen Gedanken

15

schlafe ich ein. Der Wecker ist gnadenlos und trifft mich mit seinem schrillen Ton bis ins Mark. Es ist 4.30 Uhr. Zeit zum Aufstehen.

2. Kapitel

Vergangenheit und Zukunft

Voller Vorfreude schwinge ich mich aus dem warmen Bett. Meine Aufregung vertreibt die Müdigkeit. Ich mache mich auf den Weg in die Küche.

Während ich eine Tasse Kaffee genieße, schaue ich aus dem Fenster. Im Licht der Straßenlaterne gegenüber sehe ich, dass es immer noch leicht schneit. Die Flocken tanzen friedlich umher und vereinen sich zu einer satten Schneedecke. Der Wald ruft, und ich weiß, dass er im sanften Licht des Morgens eine ganz besondere Magie entfaltet. Also los! Diesen wunderschönen Moment möchte ich nicht verpassen.

Das Gewehr hole ich aus dem handgefertigten Vollholzschrank, der viele Jahre im Schlafzimmer meiner Großeltern stand. Als Kind stand ich oft davor und dachte: »Wer braucht einen sooo großen Schrank?« Nach dem Tod meiner Großeltern rettete ich ihn vor der Hausräumung und dem Sperrmüllcontainer. Nun steht er leicht modifiziert in unserem Jagdzimmer und beherbergt unter anderem meinen dreihundert Kilogramm schweren Waffenschrank und das Jagdequipment. Sein Geruch erfüllt die Luft mit einer Mischung aus altem Holz, verschwitzter Kleidung, Mottenkugeln, kaltem Stahl, Schießpulver und Waffenöl. Dieser Duft ist wie eine Zeitreise zu Oma und Opa. Es ist, als ob sie immer noch anwesend wären. Hier ruhen nicht nur Waffen, sondern auch die Erinnerungen an Familienmitglieder und vergangene Jagdabenteuer, die mit jedem Schuss und jeder Trophäe weiterleben. Ein Ort, an dem die Vergangenheit und die Gegenwart sich zu einem harmonischen Echo verweben. Es ist ein Hauch von Nostalgie und Familiengeschichte, der durch den Raum weht.

Ich öffne beide Schwenktüren des Holzschrankes und tippe den Zahlencode in das dahinter verborgene Zahlenschloss ein. Es piept dreimal und der Motor im Inneren gibt mit einem Surren die Verriegelung frei. Verborgen hinter zwanzig Zentimetern Stahl lagern Waffen aus mittlerweile drei Generationen. Unter anderem der klassische Repetierer meines Großvaters »Made in West Germany«. Ein Kleinkaliber meines Großvaters mütterlicherseits und ein wunderschöner Drilling, den mir mein Onkel mit den Worten »Gebrauch ihn gut« übergab. Ich selbst habe mir eine italienische Bockflinte und einen deutschen Geradezugrepetierer als Neuwaffen geleistet. Die kalt gehämmerten Läufe der Waffen glänzen im Licht des Schrankes. Jede hat ihre eigene Geschichte und Patina. Der klassische Repetierer meines Opas, ein Erbe vergangener Zeiten, hat die Wälder durchstreift und so manch gutes Wildbret nach Hause gebracht. Der Kleinkaliber, eine Verbindung zu meiner mütterlichen Linie, erzählt von den Jagden auf Raubwild und präzisen Treffern. Der Drilling, eine kombinierte Langwaffe, die aus insgesamt drei Läufen besteht, begleitete meinen Onkel sein ganzes abenteuerliches Jägerleben.

Die Bockflinte und der Geradezugrepetierer warten darauf, ihre eigenen Geschichten zu schreiben. Jede Flinte, jede Büchse versprechen neue Jagderlebnisse, und ich spüre Aufregung, wenn ich sie anschaue.

Heute entscheide ich mich für den Drilling »Made in Ulm«. Das Gewehr, eine Meisterleistung der Handwerkskunst und Präzision, fühlt sich vertraut an. Das handgeschäftete Holz strahlt eine natürliche Schönheit aus. Der hochwertige Stahl steht für Robustheit und Zuverlässigkeit. Das zeitlose Design verleiht der Waffe Eleganz und das schlanke Design des Zielfernrohrs unterstreicht die ausgewogene Ästhetik. Diese Waffe ist mehr als nur ein Werkzeug; sie ist ein Kunstwerk, geschaffen für die Herausforderungen der Jagd.

Mit Ehrfurcht, Respekt und Bewunderung nehme ich sie aus dem Waffenschrank und packe sie sorgfältig in meinen Gewehrrucksack. Die Vorfreude auf die bevorstehende Jagd steigt und es liegt Spannung in der Luft. Wir müssen los. Die Natur ruft und die Jagd wartet darauf, ihre Geschichten zu erzählen.

3. Kapitel

Die Fahrt ins Revier

Ich schätze, dass ich etwa vier Stunden bei minus vierzehn Grad ausharren muss. Deswegen zwiebele ich meine Kleidung. Die Basis bilden die dicken Socken, die mir bis fast unter die Kniescheiben reichen, und die zweiteilige Thermounterwäsche. Darüber ziehe ich eine gefütterte Jagdhose. Meinen Oberkörper hülle ich in zwei weitere Lagen. Zunächst streife ich mir einen schwarzen Fleecepullover über und schlüpfe dann in eine Weste mit einem hoch geschnittenen Kragen. Dieses Outfit komplettiere ich mit einer dicken, robusten Jacke – zum Glück habe ich sie eine Nummer zu groß gekauft. Mir ist elendig warm, und ich muss sofort raus an die frische Luft.

Schon im Treppenhaus stelle ich einen Temperaturunterschied fest. Doch der erste Schritt vor die Tür, nachdem ich mir meine ledernen Jagdstiefel geschnürt habe, zeigt einen deutlichen Komfortunterschied. Nun fühle ich mich in meiner zuvor viel zu warmen Kleidung wohl. Es ist Winter. Die Kälte beißt. Der Wind rauscht. Es wird herrlich!

21

Ich stapfe durch den Tiefschnee zum VW-Bus. Die hintere Schiebetür ist zugefroren. »So ein Dreck!«, fluche ich leise. Also packe ich mein gesamtes Equipment auf und vor den Beifahrersitz. Ich fege den Schnee von der Windschutzscheibe und kratze das Eis von der Glasfläche. Der raue Wind bläst mir um die Ohren und das abgeschabte Eis weht mir ins Gesicht. Es ist widerlich und doch so schön.

Der in die Jahre gekommene Dieselmotor springt nur zögernd an. Er stottert kurz und erwacht schließlich mit einem rauen Röhren. Der Motor knurrt leise, während er sich in den Morgen einfindet. Es scheint so, als würde das Auto die Kälte und den Winter nur widerwillig akzeptieren.

Mein Atem bildet kleine Nebelschwaden in der eisigen Luft des Fahrzeugs. Die Heizung arbeitet auf Hochtouren, doch meine Finger bleiben trotzdem kalt. Durch die beschlagenen Scheiben ist die Sicht eingeschränkt. Ich schalte die Lüftung höher, um gegen die hohe Luftfeuchtigkeit im Inneren des Autos anzukämpfen.

Das Fahren ist beschwerlich, aber der Allradantrieb und die guten Reifen verleihen dem Fahrzeug eine gewisse Stabilität. Ich gebe behutsam Gas und versuche, die optimale Spur zu finden. Der Wintermorgen hat die Welt in ein weißes Gewand gehüllt. Aufrecht und konzentriert sitze ich in meinem Wagen und schaue durch die dichte Flockenfront, die sich hell erleuchtet vor mir auftut. Während ich durch die winterlichen Straßen Ulms und Neu-Ulms immer weiter in Richtung meines Reviers fahre, beobachte ich den hektischen Trubel der Menschen, die zur Arbeit eilen oder von der Nachtschicht zurückkehren. In diesem Moment bin ich dankbar, dass ich nicht Teil dieses geschäftigen Systems bin.

Fragen gehen mir durch den Kopf: Habe ich heute Glück, *Anblick* zu haben? Wird mein Jagdtag erfolgreich? Bin ich achtsam im Einklang mit der Natur und meinem Ziel? Während ich darüber nachdenke, spüre ich Gelassenheit und Vorfreude auf das, was der Tag im Revier bringen wird. Es ist nicht nur die Jagd, es sind die Verbindung zur Natur und die Achtsamkeit, die den Tag besonders machen.

Von der Bundesstraße biege ich gegenüber vom Sportplatz vor den drei kleinen Bäumen rechts ab. Der lange Feldweg in Richtung Wald öffnet sich vor mir und ich tauche ein in eine andere Welt.

Ich schalte die Musik aus, öffne das Fenster einen Spalt und fahre langsamer. Hier und da sehe ich das erste Wildtier, meistens Hasen, die über die Wiese hoppeln. Ich atme tief ein und rieche die frische, reine Luft.

Ich parke am Bauwagen, der mir und meinen Jagdkameraden als Lagerort und Wetterschutz dient. Der gefrorene Schnee knirscht unter meinen schweren Lederstiefeln, als ich aus dem Auto steige. Unerbittlicher Wind aus Süd-West peitscht lockeren Neuschnee vom brach liegenden Feld in mein Gesicht und in meinen Nacken.

Trotz der Witterung trage ich nur dünne Handschuhe, die halbwegs vor der Kälte schützen und mit denen ich einen kontrollierten Schuss abgeben kann. Ich schultere den Rucksack, schließe leise die Tür und gehe so geräuschlos wie möglich in Richtung Tal. Mein Fokus liegt ganz auf meinen Bewegungen. Durch die Schuhsohlen nehme ich die Beschaffenheit des Bodens wahr: Ist er weich oder hart? Trete ich auf Steine oder kleine Stöckchen? Jeder Schritt erfordert Achtsamkeit.

Ich verlagere mein Körpergewicht bewusst von einem Fuß auf den anderen und beobachte, wie der hintere Fuß sich vom Boden löst, das Gewicht auf den vorderen übergeht und der vordere Fuß abrollt. Diese Art des Gehens hat mir mein Vater beigebracht, als ich noch ein kleiner Junge war. Jeder Schritt wird zu einer achtsamen Bewegung, bei der ich die Empfindungen in meinem Körper und Geist genau wahrnehme.

Immer wieder finde ich zur Achtsamkeit zurück, wenn ich sie zu verlieren drohe, und gehe bewusst weiter.

Gleichzeitig achte ich auf meine Atmung, wie sie sich mit jedem Schritt verbindet und zu einer harmonischen Einheit wird. In der Eintracht des Gehens erlebe ich die Natur intensiv und spüre die Verbindung zwischen ihr, meinem Atem und meinen Schritten. Mir wird in diesen Momenten immer wieder bewusst, wie laut wir Menschen sind und wie viel uns entgeht. Dagegen schenkt uns die Natur eine Stille, die die Sinne schärft und die kleinen, oft überhörten Geräusche hervorhebt. Es ist eine Rückkehr zu einer grundlegenden Wahrnehmung, die im hektischen Alltag oft verloren geht.

Die klare Winterluft erfrischt meine Lungen. Der Weg ins Tal erstreckt sich in sanften Bögen. Kurz vor dem Eingang in den Wald öffnet sich ein schmaler Pirschweg, der terrassenförmig bergab führt. Der Mond wirft ausreichend Licht auf meinen Pfad, sodass ich meine Taschenlampe nicht anschalten muss. Als ich unten ankomme, führt der Weg direkt zu einer offenen Kanzel. Diese bietet zwar einen hervorragenden Rundumblick, aber wenig Schutz vor Wind und Schnee.

Die Natur um mich herum liegt im tiefen Schlaf. Um die friedliche Kulisse nicht zu durchbrechen, bewege ich mich mit äußerster Vorsicht. Dennoch schrecke ich ein Tier auf. Ein leichtes Zucken fährt durch meinen Körper. Wenn die Sinne geschärft sind, wird jede noch so kleine

Reaktion des Körpers intensiv spürbar. Zwar kann ich es nicht sehen, doch die Lautstärke, Geschwindigkeit und der Rhythmus der Schritte lassen auf einen Feldhasen schließen. An diesem Ort scheint die Essenz der Jagd eingefangen zu sein.

Ich lehne meinen *Pirschstock* an die Kanzel. Den habe ich immer mit dabei. Jedes Mal, wenn ich ihn mir unter den Arm klemme und mich auf den Weg mache, höre ich meinen Opa sagen: »Immer mit, Andreas!« Für diesen Ratschlag war ich schon oft dankbar. Denn ein aufgelegter Schuss ist wesentlich präziser als ein freier Schuss. Gerade die Präzision entscheidet über Leben und Tod bzw. über einen schnellen und qualfreien Tod.

Die Leiter, die zu der etwa drei Meter hohen Kanzel führt, ist vereist und rutschig. Mit einem Ansitzkissen unter dem Arm, der dicken Winterkleidung und dem Rucksack, der an meinen Schultern zieht, ist der Aufstieg nicht ungefährlich. Gut, dass die Leiter um ein paar Grad geneigt ist, sodass ich meinen Körper gegen die fest verankerten Sprossen drücken kann.

Oben angekommen setze ich mich auf mein Kissen und richte mich beim schwachen Rotlicht der Taschenlampe ein. Als die Decke über meinen Beinen liegt, das Fernglas und die Wärmebildkamera griffbereit sind, öffne ich behutsam meinen Drilling und führe eine Patrone im Kaliber 7x65R in den Lauf ein. In diesem Moment denke ich an meinen Onkel, spüre die Verbindung zu ihm. Es ist mehr als das Laden einer Waffe – es ist ein Ritual, das Tradition, Erinnerungen und die Gegenwart in sich vereint.

Mittlerweile ist es 7 Uhr. Am Himmel zeichnet sich die erste Rotfärbung ab. Mit jeder Nuance Licht, die ins Tal fällt, steigt mehr dichter Nebel vom Boden auf und bildet einen meterhohen Teppich über der geschlossenen Schneedecke. Eine faszinierende Symbiose unterschiedlicher Weißtöne.

In der Ferne sehe ich einen Fuchs *schnüren*. Sein rötliches Haarkleid bildet einen großartigen Kontrast zu der winterlichen weißen Landschaft. Auch er ist auf der Jagd, jedoch mit einem anderen Ziel. Der Fuchs kann gut riechen, was ihn zu einem geschickten Mäusefänger macht. Mit dem Kopf voran springt er immer wieder in den Tiefschnee. Es sieht aus wie ein Freudensprung. Mit dieser Methode ist der Fuchs zu fünfundsiebzig Prozent erfolgreich. Ich schaue ihm gespannt zu und freue mich über das beeindruckende Schauspiel.

Langsam zieht der Frost durch meine Kleidung. Meine Füße werden taub, und ich bewege meine Zehen, um die Durchblutung zu fördern. So sitze ich da, eingehüllt in die Kälte. Wie rau die Natur ist! Meine Gedanken schweifen ab, während ich die eisige Umgebung betrachte. Die Natur zeigt sich in dieser Jahreszeit weniger großzügig als im Frühjahr. Die Wildtiere müssen mit knappen Ressourcen über die Runden kommen.

Faszinierend, wie die Tiere in der kalten Jahreszeit auf Sparflamme schalten. Ihr Stoffwechsel läuft langsamer, das Herz schlägt nicht mehr so schnell, der Atem wird ruhiger. Die Natur hat sie darauf vorbereitet, mit den Herausforderungen des Winters umzugehen. Doch in der von Menschenhand geschaffenen Kulturlandschaft wird es für das Wild zunehmend schwerer, sich natürlich und ausgewogen zu ernähren. Die üblichen Nahrungsquellen sind unter einer dicken Schneedecke verborgen. Also müssen die Tiere ziehen, um an ihre Mahlzeiten zu gelangen. Die Spuren im Schnee zeugen von dem ständigen Kampf ums Überleben. Es ist ein Leben auf dünnem Eis, bei dem die Natur ihre eigenen Regeln diktiert.

Während ich so in der Kälte sitze und über die Herausforderungen der Wildtiere nachdenke, erinnere ich mich daran, dass wir alle Teil dieses komplexen Ökosystems sind. Unser Handeln hat einen Einfluss auf das Wohlergehen der Tiere. Wir sollten mehr tun, um sicherzustellen, dass auch sie genug haben, um gut durch den Winter zu kommen.

Zum Glück ist es unter bestimmten Bedingungen erlaubt, Wildtiere mit *Apfeltrester* zuzufüttern. Mein Großvater und mein Vater, die viele Jahre gemeinsam ein Revier leiteten, unterstützten die Tiere auf diese Weise. Sie kannten die besten Plätze im Wald und verteilten dort den Apfeltrester in den Wintermonaten, wenn die üblichen Nahrungsquellen knapp wurden. Diese Arbeit verkauften sie mir damals als sehr schwere Tätigkeit, die sie ohne meine Hilfe nicht schaffen würden. Ich war fünf Jahre alt und es machte mich ungeheuer stolz, die Rehe satt durch den Winter zu bringen.

An den Sonntagen konnte ich es kaum abwarten, in den Wald zu gehen. Also schlang ich mein Frühstück in rekordverdächtiger Geschwindigkeit herunter.

»Mama, gehen wir heute die Rehe füttern?«, fragte ich mit vollem Mund.

»Ja, heute geht's los. Aber erst wird gefrühstückt«, antwortete sie bestimmt.

»Und wissen die Rehe Bescheid, dass ich komme?«

»Mit Sicherheit. Die freuen sich schon und haben dir bestimmt wieder ein Dankeschön hingelegt.«

»Hoffentlich. Ich bin fertig. Können wir endlich los?«

Und so stapfte ich etwa dreißig Minuten später in meiner beigefarbenen Latzhose, der grauen Winterjacke, den braunen Winterstiefeln und mit meinem grünen Jägerhut durch den Wald. In meiner rechten Hand hielt ich den schweren, mit Trester gefüllten Eimer. Der Schnee knirschte unter unseren Stiefeln und die klare Winterluft ließ unsere Atemwolken wie kleine Nebelschwaden erscheinen. Das Futterhäuschen inmitten des Waldes wirkte wie ein heimlicher Treffpunkt für Wildtiere.

Das eigentliche Highlight war, wie liebevoll mich die beiden Männer täuschten: Mein Vater lenkte mich ab, während mein Großvater ein paar Werther's-Original-Karamellbonbons in das Futterhäuschen legte. Einen Moment später entdeckte ich diese süße Überraschung, griff zu und hielt sie wie einen kostbaren Schatz in die Höhe. Das goldfarbene Bonbonpapier glitzerte in der Sonne und ich rief begeistert: »Papa, Papa, die Rehe haben sich bei mir bedankt!«

Wir drei waren in dieser winterlichen Kulisse vereint, um den Wildtieren in ihrem Revier zu helfen, und nebenbei machten mein Opa und mein Vater mir eine Freude. Eine Szene voller Harmonie. Mein Vater nickte zufrieden, während mein Großvater über den Erfolg unserer kleinen Expedition lächelte. In diesem Moment verspürte ich tiefen Stolz, Teil dieser wichtigen Arbeit zu sein. Die Tradition, die unsere Vorfahren begonnen hatten, wurde von Generation zu Generation weitergegeben. Wir waren nicht nur Zuschauer, sondern aktive

Teilnehmer. Und so standen wir da, drei Generationen, vereint beim Akt der Fürsorge in der winterlichen Stille des Waldes. Eine Erinnerung, die mich bis heute begleitet.

Ich ziehe mein Halstuch bis über den Mund und schließlich über die Nase, um mein Gesicht vor der beißenden Luft zu schützen. Meine Hände halte ich in den Taschen, damit sie nicht zu kalt werden. In dieser eisigen Gegebenheit versuche ich, mich gegen die winterliche Kälte zu behaupten, während ich in die verschneite Landschaft blicke.

Ich denke an meine Frau, die donnerstags ihren freien Tag hat und wahrscheinlich gerade in der warmen Küche sitzt und ihr Frühstück genießt. Ein Schmunzeln huscht über mein Gesicht und ich stelle mir vor, wie sie liebevoll denkt: »Dieser bekloppte Kerl. In den meisten Lebenslagen ist ihm alles zu unbequem. Ein Spaziergang um den See, der direkt vor der Tür liegt, ist mit Diskussionen verbunden. Bei leichtem Nieselregen gar unmöglich. Aber wenn es um die Jagd geht, kennt er kaum eine Grenze.«

4. Kapitel

Ansprechen

Abrupt werden meine Gedanken unterbrochen. Ich habe *Anblick*! Rehwild. Nun ist es wichtig, in kürzester Zeit die wichtigsten Details vor der Schussabgabe zu überprüfen, den Fokus auf das Wesentliche zu legen. Welches Geschlecht hat das Tier? Wie alt ist es? Ist es gesund? Hat es Jagdzeit? Ist es allein oder steht ein weiteres Reh im Gefahrenbereich? Ja, das intensive Beobachten eines bestimmten Rehs über mehrere Tage kann tatsächlich eine innere Verbindung schaffen. Mit der Zeit entwickelt man eine Art Vertrautheit und erkennt individuelle Merkmale, die das Reh einzigartig machen. Der Gang, die Reaktionen auf Geräusche und sogar die Nuancen in der Fellzeichnung sind Charakteristika, die das Reh von anderen unterscheidet. Somit kann ich es als das Tier identifizieren, das ich seit Tagen beobachte. An einer anderen Stelle und deutlich weiter weg als sonst, aber es ist da.

Ich richte mich sehr langsam und vorsichtig auf und greife nach meinem Jagdgewehr. Ich lege es auf der obersten Holzlatte der Kanzel ab, nehme es in den Anschlag und schaue konzentriert durch mein Zielfernrohr. Aufgrund von Fixpunkten, die ich mir in der Landschaft gemerkt habe, kann ich die Entfernung relativ genau auf hundertachtzig Meter einschätzen. Ein weiter und mit meiner maximalen sechsfachen Vergrößerung kein leichter, aber machbarer Schuss.

Mein Gewehr ist so eingeschossen, dass es auf *hundert Meter Fleck* trifft. Das ist wichtig und darf unter keinen Umständen vergessen werden. Denn auch das Projektil verliert bedingt durch die Erdanziehung langsam, aber stetig an Höhe. Bei meinem Kaliber sind das bei zweihundert Metern immerhin zwölf Zentimeter. Das muss ich bedenken und bei der Schussabgabe berücksichtigen.

Ich atme ein und aus. Meine Atmung ist ruhig und kontrolliert. Eine erstaunliche Gelassenheit durchströmt mich, trotz der pulsierenden Aufregung. So ruhig bin ich für gewöhnlich nicht. In diesem Moment bin ich dankbar dafür, dass ich konzentriert und ruhig schießen kann, obwohl mir bewusst ist, dass ich hier und jetzt über Leben und Tod entscheide. Das erhöht die Präzision bei der Schussabgabe und gibt mir Sicherheit bei dem, was ich tue. Durch das Zielfernrohr und die Vergrößerung sehe ich jede kleinste Bewegung. Ein letztes Mal atme ich ein, halte die Luft sanft an – und im nächsten Moment – zack – springt das Reh ab.

Das ist nicht das erste Mal, dass ein Reh im letzten Moment abspringt, und ich bin nicht enttäuscht. Aber klar: Anders wäre es mir lieber gewesen. Ich schaue dem Schmalreh nach und werfe dann einen Blick auf meine Uhr. Es ist mittlerweile 8:20 Uhr. Mir ist eiskalt, und hungrig bin ich auch. Als ich meine Sachen einpacke, kommt mir ein Gedanke: »Das Reh ist bestimmt auf dem *Wechsel*, der kurz hinter dem Bauwagen entlangführt. Wenn es diesen Weg nimmt, habe ich gute Chancen, es auf dem Rückweg noch einmal zu sehen. Jetzt also schnell.«

Ich schultere meinen Rucksack samt Gewehr, klemme mir mein Sitzkissen unter den Arm, steige die Kanzel herab und packe meinen Pirschstock. Kälte und Hunger sind in diesem Moment vergessen. Plötzlich schreckt ein Eichelhäher mit seinem rätschenden Krschäääh-Ruf auf, womit er alle Waldbewohner vor vermeintlichen Feinden warnt. »Verräter!«, knurre ich leise vor mich hin. Ich halte kurz inne, bis wieder Stille einkehrt und nur noch der Wind zu hören ist. So leise wie möglich gehe ich zielstrebig Richtung Bauwagen. Bis zur letzten Kurve kann ich mir halbwegs sicher sein, dass mich das Reh nicht registriert, sofern es sich überhaupt dort befindet. In der Kurve angekommen, blicke ich in die Weite.

Die malerische Landschaft erstreckt sich in einem langen, flachen Streifen, links und rechts eingerahmt von dichtem Unterholz. Auf der linken Seite verschmilzt das Dickicht mit einem jungen Buchenwald. Hinter der rechten *Dickung* erstreckt sich ein erhabenes, langläufiges Feld, das majestätisch vor mir liegt. Der Wind hat hier den Schnee zu kleinen Dünen aufgetürmt, die von der aufgehenden Sonne angestrahlt werden. Die Wolkendecke hat sich mittlerweile aufgelöst und die Morgenröte taucht die gesamte Szenerie in ein weiches Licht, wodurch die Umgebung ruhig und friedlich wirkt. Alles zusammen bildet ein bezauberndes Gemälde der Natur, in dem die Konturen der Landschaft und die Schönheit des Morgens miteinander verschmelzen.

Und dann, tatsächlich, ich kann es fast nicht glauben: Inmitten der beiden Dickungen steht das Schmalreh. Ein elektrisierendes Kribbeln durchfährt meinen Körper, und ich überlege mir meine nächsten Schritte im wahrsten Sinne des Wortes sehr gut. Der Schnee knarzt auffällig laut unter meinem Gewicht. Jede Bewegung könnte meine Anwesenheit verraten. Daher bleibe ich ruhig stehen. Jetzt braucht es Geduld. Die Spannung und Ungewissheit zerreißen mich förmlich. Meine Sinne sind auf höchste Alarmstufe geschaltet. Ich höre den Wind, rieche das Baumharz der erst kürzlich gefällten Bäume, spüre die Sonne auf meiner linken Gesichtshälfte.

Der Moment scheint wie eingefroren. Ich frage mich, wie diese Begegnung wohl enden wird. Das Reh nimmt mir die Entscheidung und den weiteren Verlauf erst einmal ab. Es zieht weiter in Richtung der rechten Dickung. Das ist meine Chance.

Mit langsamen und kontrollierten Schritten bewege ich mich entlang des verschneiten Feldweges. Die Kälte beißt in meine Haut, als ich vorsichtig durch den Schnee schreite. Jeder Schritt erzeugt ein gedämpftes Knirschen. Und ausgerechnet hier befinden sich zwischen Untergrund und Schnee dünne Eisplatten, die brechen und die Stille mit einem kurzen, aber lauten Knacken durchdringen. Ich halte inne und lausche, während ich die Ausläufer der Dickung im Blick behalte. Dann fahre ich die Beine meines Pirschstockes aus, lege mein Gewehr behutsam ab und positioniere mich in einer halbwegs bequemen Haltung. Die Anspannung steigt. Mein Herz schlägt schneller. Die nächsten Momente sind entscheidend.

5. Kapitel

Der Wind

Der Wind ist heute mein heimlicher Verbündeter. Unbarmherzig bläst er mir ins Gesicht, doch gleichzeitig trägt er die von mir ausgehenden Gerüche und Geräusche in die entgegengesetzte Richtung der Dickung. So kann mich das Wild schlechter wahrnehmen. In diesem Moment tritt das Schmalreh aus dem Dickicht. Ein magischer Moment. Es *sichert* in alle Richtungen und scheint direkt durch mich hindurchzublicken. Bei dieser Witterung stehen die Chancen gut, dass es meine Anwesenheit nicht registriert, solange ich mich mucksmäuschenstill verhalte.

Die Spannung ist erdrückend. Ich darf jetzt keinen Fehler machen. Das Risiko, entdeckt zu werden, ist hoch. Damit ich einen sauberen Treffer lande, muss sich das Tier drehen, so dass es breit steht. Die ideale Treffpunktlage befindet sich etwa zwei Fingerbreit hinter der Schulter und eine Handflächenbreite weiter unten. Ich blicke konzentriert durch mein Zielfernrohr. Der Schlagbolzen ist gespannt. Der Finger ruht nah am Abzug. Ich warte auf den richtigen Moment und bin absolut klar im Kopf.

»In diesen Sekunden gibt es nichts anderes. Ich bin zu hundert Prozent bei der Sache und habe das Tier und den Gefahrenbereich im Blick. Der Umgang mit meiner Waffe ist routiniert – meine Atmung kontrolliert.«

Der Abzug bricht wie Glas. Der Schlagbolzen schlägt auf das Zündhütchen. Innerhalb einer Millisekunde entsteht durch die Treibladung eine unaufhaltsame dreitausendneunhundert Bar starke Druckwelle. Das Geschoss durchläuft den Lauf mit einer Geschwindigkeit von über achthundert Meter pro Sekunde und es gibt einen ohrenbetäubenden Knall von hundertsechzig Dezibel. Den Rückstoß spüre ich zuerst an meiner Schulter, dann breitet er sich in meinem ganzen Körper aus. Für einige Sekunden hält die Natur den Atem an.

Bevor mein Gehirn diese physische Einwirkung realisiert, hat das Projektil bereits sein Ziel erreicht. Das Deformationsgeschoss tritt in den Brustkorb ein, entfaltet sich und reißt einen irreparablen Wundkanal, bevor es auf der gegenüberliegenden Seite wieder aus dem Körper austritt. Das Schmalreh hebt den Kopf für einen flüchtigen Augenblick, bevor es auf der Stelle zusammenbricht – unwiderruflich, tödlich und doch friedlich.

Ich stehe da, sichere meine Waffe und lasse den Moment nachwirken.

6. Kapitel

Der letzte Bissen

Erst als ich sicher bin, dass das Reh tot ist, gehe ich zu ihm. Mit Demut knie ich mich neben das Wildtier, ziehe meine Handschuhe aus und lege meine rechte Hand auf seine Schulter. Das dicke Winterfell ist warm und weich. Ich begutachte das Einschussloch, froh und stolz, dass ich auch dieses Mal die Kugel sauber und *waidgerecht angetragen* habe.

Das Rot des Bluts hebt sich vom schimmernden Weiß des Schnees ab. Die Blutstropfen sind wie Kunstwerke, die auf der reinen Leinwand der Natur gemalt wurden. Ein flüchtiges Meisterwerk, das nur für einen kurzen Moment besteht.

Bei der darauf folgenden Ehrerweisung stecke ich einen Fichtenzweig quer in das Maul des Rehs. Dieser symbolische Akt repräsentiert die letzte Mahlzeit vor dem Tod und trägt eine tiefere Bedeutung: Sie ist eine Geste der Versöhnung und Ausdruck des Respekts gegenüber dem erlegten Wild.

7. Kapitel

Die rote Arbeit

Ich begebe mich behutsam ans *Aufbrechen*. Mit dem Messer, das mir mein Vater zur bestandenen Jagdprüfung geschenkt hat, führe ich einen kurzen Schnitt zwischen Knochen und Sehnen der hinteren Beine durch. Ich ziehe zwei Edelstahlhaken durch beide Öffnungen, um das erlegte Tier sicher an einer gegenüberliegenden Kanzel aufzuhängen. Jeder Handgriff erfolgt mit Achtsamkeit, mit Respekt vor der Natur und dem Wild. Das Aufschneiden der Bauchdecke und das Durchtrennen des Brustbeins erfolgen sorgfältig und mit präzisen Bewegungen.

Das Reh, ein sogenannter Konzentrationsselektierer und von Jägern liebevoll als »Naschkatze« bezeichnet, hat ein feines Gespür für die Auswahl seiner Nahrung: Kräuter, Knospen, Blätter, Blüten, Früchte, Eicheln, Buchennüsschen und saftiges, grünes Gras verschwinden nach und nach im Magen des Rehs. Mit dieser Selektion deckt es seinen Nahrungsbedarf und zeigt bei der Futteraufnahme eine bemerkenswerte Präzision. Die Bezeichnung »Naschkatze« unterstreicht die Vorliebe des Rehs für schmackhafte und nährstoffreiche Pflanzenteile.

Wenn man im Sommer ein erlegtes Reh ausnimmt und die letzte Nahrung noch nicht zu lange zurückliegt, schimmert der Pansen hellgrün. Der Mageninhalt leuchtet dunkelgrün, wie frisch blanchierter und gehackter Spinat. Heute jedoch ist der gut durchblutete Pansen ein bisschen blau, und ich kann den süßlichen Duft von nicht verdautem Trester wahrnehmen. Ein bekömmlicher süßer Duft, der meinen Magen zum Knurren bringt, da sich der Hunger wieder meldet. Um die inneren Organe zu entfernen, braucht es eine ruhige Hand und höchste Aufmerksamkeit. Meine Sinne sind geschärft: Ich rieche das eisenhaltige Blut und spüre die Wärme des Tierkörpers an meinen Fingern. Ein prüfender Blick auf die Organe folgt. Die glatte Oberfläche und der scharfe Rand der Leber geben Aufschluss über deren Gesundheit. Die Lunge ist hell, ohne Anzeichen von Veränderungen, die auf Entzündungen hindeuten könnten. Ich öffne die Nieren durch einen Längsschnitt. Sie sind ebenfalls in bestem Zustand. Das Herz existiert nicht mehr. Mein präziser Schuss hat es in einen anderen Aggregatzustand versetzt.

Als Nächstes muss der Körper ausbluten und ich die Leibeshöhle mit Trinkwasser säubern. Dabei sind äußerste Sorgfalt und Achtsamkeit geboten, um die hohen Hygienestandards zu gewährleisten. Sobald ich zuhause bin, werde ich meine Beute in diesem Zustand im Wildkühlschrank lagern. In etwa sieben Tagen, wenn die Fleischreifung abgeschlossen ist, werde ich es fein säuberlich zerwirken und portionieren. Überreste wie das Fell und die vier Mägen bringe ich in den angrenzenden Wald. Zurück in die Natur, wo sich Fuchs, Habicht und Co über eine Extraportion Nahrung freuen. Da ich das Reh auf meinem Rückweg erlegt habe, steht mein Auto nicht weit entfernt. Hochzufrieden packe ich mein Equipment, verstaue alles, lege das Reh in die Wildwanne und setze mich hinter das Lenkrad.

Aus meinem Rucksack ziehe ich meine Vesperbox hervor. Eine kleine Edelstahldose mit einem Deckel aus Buchenholz, in den oberhalb eines Waldmotivs die Worte »Andreas Ansitzbox« eingebrannt sind. Ein tolles Geschenk meines Schwagers und seiner Frau.

Meine Frau hat mir gestern Abend ein Butterbrot und einen Müsliriegel vorbereitet und mit einer lieben Nachricht in die Box gelegt. Eine dieser Gesten, über die ich mich immer freue. Das Brot ist so kalt, dass die Butter darauf gefroren ist. Aber das stört mich nicht. Im Gegenteil! Nach Stunden in der Kälte und dem wellenförmigen Hungergefühl ist dieses Butterbrot ein Hochgenuss und ein Beweis dafür, wie so wenig gleichzeitig so viel sein kann.

8. Kapitel

Zurück ins Hier und Jetzt

Auf der Heimfahrt lasse ich den Tag Revue passieren und die Jagdmomente wie einen Film vor meinem inneren Auge abspielen. Die aufgehende Sonne, der frostige Atem in der klaren Morgenluft, die majestätische Landschaft im sanften Morgenlicht, die Stille im Wald, das Knirschen des Schnees unter meinen Stiefeln, der faszinierende Anblick des Schmalrehes, der Moment vor dem entscheidenden Schuss: All das lässt mein Jägerherz höherschlagen. Das Glück nach einem erfolgreichen Tag im Revier durchströmt mich.

Die Eindrücke vermischen sich mit den Geräuschen der Straße, und ich spüre eine tiefe Zufriedenheit über die Verbundenheit mit der Natur und dem Kreislauf des Lebens. Die Erinnerungen an die Jagd sind wie ein kostbares Gut, das ich mit nach Hause nehme.

Als ich zuhause ankomme, erkennt meine Frau am Fichtenzweig in meiner Hand sofort, was Sache ist: »Waidmannsheil«, begrüßt sie mich. Mit stolzer Geste halte ich den grünen Zweig in die Höhe und bedanke mich mit einem »Waidmannsdank«.

»Erzähl, wo hast du gesessen und was hast du erlegt?«, fragt sie neugierig. Also berichte ich von meinem Morgen im Wald, dem Ansitz, der spannenden Begegnung und wie es dazu gekommen ist. Währenddessen spüre ich, wie wieder Leben in meine kalten Füße kommt und ich langsam auftaue. Als ich das Tal erwähne, merke ich, dass sie an eines unserer gemeinsamen Jagderlebnisse denkt:

An einem heißen Nachmittag im Hochsommer überlegten wir, wie wir den Abend verbringen könnten. Nach einem kurzen Austausch einigten wir uns auf »Vesper auf einer Kanzel«, bis die Sonne untergeht. Während wir die Brotzeit vorbereiteten, grübelte ich, wo wir am besten sitzen könnten. Möglichkeiten gab es viele. Ich entschied mich für das Tal mit besonderem Charme: Es ist nicht sehr breit, dafür aber umso länger. Links und rechts wird es von einer Dickung gesäumt, die sich über einen weitläufigen Berg erstreckt.

Mit dem Blick Richtung Westen geneigt, kann man die Sonne im Hochsommer ununterbrochen verfolgen, bis sie schließlich gegen 21.30 Uhr am Horizont verschwindet. Dabei taucht sie den Himmel in atemberaubende Rottöne. Die Kanzel bietet einen Panoramablick über das idyllische Tal. Auf der Kanzel angekommen, bewunderten wir still den prachtvollen Abendhimmel. Es war eine dieser magischen Stunden, in denen die Natur ihre schönsten Farben präsentierte und wir in Stille und Gemeinschaft die Schönheit des Augenblicks genossen. An diesem Abend erlegten wir einen Rehbock, den wir eine Woche später bei unserer Hochzeit verzehrten. Diese Erinnerungen und Gefühle werden uns ein Leben lang begleiten.

Mit Bedacht reinige ich mein Jagdgewehr. Für mich ist es weit mehr als nur ein Handwerkszeug. Es ist ein Begleiter, ein Werkzeug der Naturverbundenheit und ein Zeuge der Geschichten, die sich mit jedem Schuss und jedem Jagderlebnis verweben. Dann tippe ich den sechsstelligen Pin meines Zahlenschlosses am Waffenschrank ein, und die Tür entriegelt sich mit dem gewohnten Surren der Stellmotoren. Behutsam stelle ich mein Gewehr hinein. Nun ist der Drilling sicher verstaut und freut sich vielleicht schon auf das nächste Abenteuer. Ich verriegele den Waffenschrank und schließe die beiden schweren Holztüren des Schranks. Damit endet ein unvergesslicher Jagdtag und entlässt mich zurück ins Hier und Jetzt.

Eine Sache gibt es allerdings noch zu tun. Nach jedem erfolgreichen Jagdtag schreibe ich meine Erinnerungen, Eindrücke, Gefühle und Erfahrungen auf. Dafür setze ich mich an unseren handgefertigten Sekretär aus Nuss-baumholz, ein Familienerbstück, das vor vielen Jahren gefertigt wurde. Seine rot leuchtende Farbe verleiht unserer Galerie einen warmen Charakter. Vor mir befindet sich ein zehn mal zehn Zentimeter großes Stück Papier. Gleich daneben, auf der ledernen Schreibunterlage, liegt der marineblaue Tintenfüller meiner Frau, den sie von ihren Eltern zu ihrer Promotion geschenkt bekommen hat. An besonderen Tagen wie diesen bereitet es mir große Freude, ein paar Zeilen damit zu schreiben. In wenigen Sätzen halte ich mein Erlebnis mit Datum, Ort und Uhrzeit fest. Ich puste die Tinte trocken, rolle das Stück Papier vorsichtig auf und stecke es in die leere Patronenhülse. Meine persönliche Zeithülse. Meine Trophäe gegen das Vergessen. Ich stelle sie zu den anderen und bin dankbar für das Privileg der Jagd.

Teil 2

Achtsam Verwerten

Vom Kopf bis zum Schwanz. Innen, außen und dazwischen. Eine Frage des Respekts.

9. Kapitel

Kontroverse Diskussion

Die Herkunft unserer Nahrungsmittel gewinnt mehr und mehr an Bedeutung, und über das Thema Fleischkonsum wird intensiv diskutiert. Für mich ist es wichtig, dass ich weiß, woher das Fleisch stammt, das ich esse. Ob von der eigenen Jagd, von einem Freund, der Lämmer großzieht, oder vom Bio-Rinderhof um die Ecke, dessen Besitzer ich persönlich kenne. Transparenz und Vertrauen in die Herkunft des Fleisches sind unerlässlich. Das erfordert Mühe und Engagement: Kontakte müssen geknüpft und Beziehungen gepflegt werden. Wo kommt das Fleisch auf meinem Teller her? Wie kann ich meine Wurst selbst herstellen? Kann ich Wildfleisch aus der Region beziehen? Man muss sich Fachwissen aneignen und sollte nicht davor zurückschrecken, selbst mit Hand anzulegen. Dieser Aufwand gilt im Übrigen auch für alle anderen Lebensmittel, denn für die wenigsten haben wir eine nachvollziehbare Bezugsquelle.

Deutlich einfacher ist es, Fleischkonsum abzulehnen und zu bunt verpackten Fleischersatzprodukten im Kühlregal zu greifen. Diese Produkte mögen auf den ersten Blick eine Alternative darstellen, doch bei genauerer Betrachtung offenbaren sie oft zweifelhafte Inhaltsstoffe. Um aus pflanzlichen Proteinen mit Wasser und Öl eine fleischähnliche Konsistenz mit herzhaftem Geschmack zu produzieren, greifen viele Hersteller zu Aromen und Zusatzstoffen, zum Beispiel Säureregulatoren und Raucharoma – ganz zu schweigen vom vielen Salz und Fett. Eine natürliche Ernährung ist das nicht.

Das Töten von Tieren habe ich oft hinterfragt, aber nie in Frage gestellt. Ich bin mit Respekt und Wertschätzung für die Jagd aufgewachsen. Es war für mich normal, dass Wild nach Bedarf erlegt wird. Fleisch gab es bei uns nur sonntags – egal von welchem Tier.

Die Jagd hat mir von klein auf die Möglichkeit gegeben, mich aktiv an der Beschaffung meiner Nahrung zu beteiligen. Zudem wurde mir ein tiefes Verständnis für den Kreislauf des Lebens und die Verantwortung gegenüber der Natur vermittelt. Somit ist der Verzehr von Fleisch für mich kein Ja-oder-Nein-Thema, sondern eine Frage der nachvollziehbaren Beschaffung und Wertschätzung. Eine kategorische Ablehnung ist mir zu einfach.

10. Kapitel

Geduld

Die Fleischreifung ist ein Vorgang, bei dem die Textur rohen Fleisches durch verschiedene physiologische Veränderungen verbessert wird. Dieser Ablauf beeinflusst die Zartheit und den Geschmack. Der Prozess beginnt mit der Erlegung des Tieres. Kurz nach dem Tod setzt die Leichenstarre ein, da die Muskeln des Tieres steif werden. Während dieser Zeit ist das Fleisch weniger zart. Es dauert einige Stunden bis Tage, bis es sich wieder entspannt. Nun beginnt die eigentliche Fleischreifung. Enzyme im Fleisch, insbesondere Proteasen, beginnen, Proteine zu zersetzen. Zusätzlich finden bakterielle Aktivitäten statt. Diese Prozesse lockern die Muskelfasern und machen das Fleisch zarter. Gleichzeitig sorgen Mikroorganismen für Geschmacksveränderungen. Während des Reifeprozesses verliert das Fleisch Wasser, wodurch sich die Aromen verstärken und der Geschmack noch intensiver wird.

Die Länge der Fleischreifung kann variieren und hängt von der Fleischsorte, der Temperatur, der Luftfeuchtigkeit und den gewünschten Geschmacksergebnissen ab. Der Prozess erfordert sorgfältige Kontrolle, um sicherzustellen, dass das Fleisch optimal reift. Dieser Vorgang findet in der konventionellen Fleischproduktion nur noch selten statt. Zu lange Vorhaltezeiten, zu hohe Energiekosten und mangelnde Kundschaft. Denn viele Konsumenten sind nicht bereit, für hochwertige Fleischprodukte tiefer in die Tasche zu greifen. Ganz zu schweigen von dem fehlenden Wissen rund um die Herstellung.

Ich bin dankbar, dass ich den Weg der kulinarischen Degeneration nicht gehen muss. Mein Weg führt mich stattdessen zur Kühlkammer, wo das Schmalreh hängt. Jeden Morgen und jeden Abend kontrolliere ich die Temperatur und Luftfeuchtigkeit. Das Fleisch wird nicht fester – nein, es wird kompakter, ohne dabei seine ursprüngliche Zartheit zu verlieren. Die Farbe wird dunkler und nimmt dabei eine Tiefe an, die mir das Wasser im Mund zusammenlaufen lässt. Der Reifevorgang ist eine Balance zwischen Zartheit und kompakter Fleischstruktur. Diesen Prozess begleite ich hingebungsvoll, respektvoll und voller Liebe für die Kunst der Fleischreifung.

Diese Leidenschaft begleitet mich: morgens, wenn ich vor der Tasse mit dampfendem Kaffee sitze und im Geiste bei der Jagd bin. Mittags, wenn ich esse und mir die Verbindung verschiedener Aromen vorstelle. Nachmittags, wenn ich einkaufe, denke ich an die edlen Fleischteile und was ich daraus koche. Und natürlich abends, wenn ich auf der Kanzel sitze und mir die Natur eine stille Bühne für meine Gedanken bietet.

Meine Gedanken drehen sich ständig um den idealen Zeitpunkt, das Reh zu zerwirken. Ein choreografierter Moment, in dem ich alles genau timen muss. Es ist nicht nur eine Frage des Handwerks, sondern auch ein Spiel mit meinen Möglichkeiten, innerer Ruhe und der dafür benötigten Zeit. Die Kunst besteht darin, all diese Elemente mit dem idealen Reifezeitpunkt zu synchronisieren, um das höchste Maß an Perfektion zu erreichen. In diesem ständigen Balanceakt zwischen Zeit und Geschmack liegt der Kern meiner Detailverliebtheit. Ein kunstvoller Tanz zwischen autodidaktischem Wissen und handwerklicher Sicherheit. Ich überlege, wie ich die einzelnen Teile des Fleisches am besten portioniere, um das Maximum an Genuss herauszuholen.

Das Warten auf den perfekten Moment erfordert von mir vor allem eins: Geduld. Umso schwieriger, da ich eher ein ungeduldiger Mensch bin. Oft neige ich dazu, Ergebnisse zu schnell zu erwarten. Doch ich habe mühsam gelernt, dass Geduld während der Reifung entscheidend ist, um die besten Geschmacks- und Texturprofile zu erzielen. Es ist eine Kunst, den Prozess zu überwachen und gleichzeitig der Verlockung zu widerstehen, das Fleisch vorzeitig zu verwenden.

Der Tag ist endlich gekommen, und Vorfreude erfüllt mich. Das Auslösen und Portionieren ist ein Ritual, das den Höhepunkt unzähliger Stunden im Wald markiert, in denen ich dem Reh nachgestellt habe. Der Moment des Antragens der Kugel liegt in der Luft, eine Stimmung, die schwer zu fassen ist. Mein Geduldsfaden, der mit jedem Tag dünner wurde, scheint dem Reißen nahe. Jeder Augenblick des Wartens fühlt sich an wie eine Ewigkeit, während die hohen Erwartungen weiter wachsen. Deshalb nehme ich mir Zeit, um der Bedeutung dieses Moments gerecht zu werden.

11. Kapitel

Die Kunst des Zerwirkens

Ich habe das Reh in sechs Teilen im Reifekühlschrank abgehängt. Zwei Schultern, zwei Keulen, Rücken und Hals. Nach und nach entnehme ich die Stücke, um sie weiter zu verarbeiten. Mit einem scharfen Messer löse ich behutsam die Rückenmuskulatur zwischen den Rippen und der Wirbelsäule. Jeder Schnitt ist durchdacht und präzise. Es ist ein Akt des Respekts, bei dem ich die Früchte meiner geduldigen Jagd ernte. Jeder Handgriff ist wertschätzend und spiegelt die Anerkennung für das Tier, das mir als Nahrung dient.

Eine der Schultern schnüre ich als Rollbraten, die andere schneide ich in feine Würfel, wobei ich das köstliche Ragout schon vor Augen habe. Eine der Keulen zerlege ich in ihre anatomischen Einzelteile: große Nuss, kleine Nuss, Ober- und Unterschale sowie das falsche Filet. Allesamt wunderbare Fleischstücke zum Kurzbraten, die wir am allerliebsten medium gegart genießen.

»Die zwei Filets, jeweils etwa siebzig Gramm schwer, lege ich beiseite. Diese bereite ich uns nach getaner Arbeit am Nachmittag zu einer Zwischenmahlzeit zu«

Ich würze sie lediglich mit Meersalzflocken und etwas gestoßenem Pfeffer. So lasse ich sie sanft angebraten bei sechzig Grad im Ofen ruhen. In der Zwischenzeit putze ich etwas Feldsalat. Dabei nehme ich jedes Röschen in die Hand, trenne die kleine Wurzel mit einem scharfen Küchenmesser ab und bewundere die Schönheit jedes einzelnen Blattes. Das Dressing ist ganz simpel: etwas Apfelessig, Senf, Preiselbeergelee, Salz, Pfeffer und Leinsamenöl – that's it. Dazu gibt es gebratene Birne mit Walnusskernen und getoastetes Graubrot. Da lachen das Herz und der Magen!

Die linke Keule bleibt unangetastet. Ich freue mich jetzt schon darauf, sie im Ganzen zu schmoren. Während ich das Fleisch in meinen Händen halte, stelle ich mir vor, wie meine Frau und unsere Freunde dieses Prachtstück gemeinsam an unserem Esstisch genießen.

Es ist schön, Essen zu teilen, und ein Glück, dass wir von einem Kreis von wahren Genießern umgeben sind. In diesen Momenten wird mir deutlich, dass das Teilen von Essen nicht nur satt macht, sondern auch glücklich. Es ist ein Akt der Gemeinschaft und des Zusammenhalts, der uns näher zueinander bringt und uns die Wichtigkeit von Familie und Freundschaft vor Augen führt.

Mit äußerster Präzision schneide ich das Fleisch vom mager besetzten Hals ab. Die dünne Fleischschicht zwischen den Rippen kratze ich sorgfältig mit einem eigens dafür angeschliffenen Löffel von den Knochen. Das Fleisch der Haxen löse ich ringsum vom Knochen und würfle es gleichmäßig. Jedes noch so kleine Stück Fleisch behandle ich aufmerksam – als sei es ein kostbarer Schatz. Für mich ist dieses Fleisch keineswegs ein Rest, sondern es hat den gleichen Stellenwert wie das edle Filet. Mit Hingabe verarbeite ich es, insbesondere zu Hackfleisch und Gulasch. Am allerliebsten teile ich diese kulinarischen Schätze mit meinem langjährigen Freund Andreas. Seit über dreißig Jahren sind wir befreundet und wir haben ein weiteres gemeinsames Hobby entdeckt: die Herstellung feinster Wildbratwurst in sämtlichen Variationen. Ein Vergnügen, das uns noch mehr verbindet.

> *»Prost auf die Freundschaft, das köstliche Essen und das ein oder andere Bier zu viel – eine perfekte Mischung für unvergessliche Stunden!«*

Die sauber ausgelösten Knochen, die jetzt vor mir liegen, sind für viele meiner Jagdkameraden eher eine Nebensache. Oftmals werden sie unachtsam und unbedacht auf den *Luderplatz* geworfen. Eine gängige Methode. Füchse, Habichte, Wildschweine und andere Wildtiere erfreuen sich an dem verlockenden Schmankerl. So schließt sich der Kreis der Natur.

12. Kapitel

Schwarzes Küchengold

Für mich sind die Knochen die heimlichen Stars der Manege. Sie sind weit mehr als nur Überreste und Nahrung für Wildtiere. Sie sind Quelle der Inspiration und Grundlage für köstliche Suppen, bei denen jeder Löffel Lust auf mehr weckt. Sie sind die Basis für dunkle Saucen, die mit voller Wucht die Geschmackrezeptoren treffen und ohne Übertreibung als schwarzes Küchengold bezeichnet werden dürfen.

Die rhythmischen Geräusche des Hackens erfüllen unsere Küche, als ich die Knochen in walnussgroße Stücke zerteile, die ich auf vier mit Backpapier ausgelegten Backblechen locker verteile. Ein duftendes Bouquet aus Sellerie, Pastinaken, Karotten und Zwiebeln schwebt in der Luft, während ich das Gemüse in gleichmäßig feine Würfel schneide. Damit fülle ich die Zwischenräume. Bei etwa zweihundertdreißig Grad Umlufthitze röste ich die Knochen und das Gemüse im Backofen. Damit die Feuchtigkeit abziehen kann, ohne dass die Temperatur im Inneren beeinträchtigt wird, stecke ich einen Holzkochlöffel zwischen die Backofentür und den Rahmen des Ofens.

Schon als kleiner Junge habe ich lieber in den Backofen geguckt als in den Fernseher. Denn der Blick in einen Ofen bringt so viel mehr mit sich: Man spürt die Wärme, die trotz isoliertem Doppelglas abgestrahlt wird, riecht die aromatischen Verbindungen, fühlt die mit Feuchtigkeit angereicherte Luft an den Wangen und hört das gleichmäßige Aufknuspern oder das Köcheln des Garguts. Ein Moment, der alle sensorischen Reize miteinander vereint. Dabei spielt einem das Gehirn einen Streich, indem es dich das fertige Ergebnis bereits schmecken lässt.

»Sehen, schmecken, riechen, fühlen und hören.«

Und so nehme ich mit allen Sinnen wahr, wie sich die Knochen und das Gemüse allmählich verändern. Die Oberflächenstruktur wird matt, das Gemüse platzt auf und verliert durch die kleinen, ausdringenden Wasserbläschen an Feuchtigkeit. Der natürlich vorkommende Zucker in den Karotten und Zwiebeln beginnt zu karamellisieren. Dieser Vorgang ist wichtig, denn er entscheidet über den späteren Geschmack und die Farbwiedergabe der Soße oder Brühe. Insofern nehme ich mir viel Zeit und passe auch hier den richtigen Moment ab. Wenn Knochen und Gemüse dunkel geröstet sind, gebe ich beides in einen großen Einkochtopf, der fünfundzwanzig Liter fasst. Ich füge so viel Wasser hinzu, dass alles leicht bedeckt ist, und stelle die Temperatur auf fünfundneunzig Grad. Leicht unter dem Siedepunkt entzieht das Wasser der gerösteten Mischung die Farben und Geschmäcker. Ich beobachte, wie sich die Farbe allmählich in einen goldgelben Farbton verwandelt, und rieche, wie sich die Aromen miteinander verbinden. So lasse ich den Elementen etwa zwei Stunden bei angesteuerter Temperatur ihren Lauf. Wie bei den meisten Dingen im Leben: Gutes braucht Zeit. Deshalb kommt der Topf samt Inhalt über Nacht zum Auskühlen auf die Terrasse. Denn das Abkühlen, Durchziehen und erneute Aufkochen ist der eigentliche Clou. Das gibt den Geschmack und die Kraft, die ich erreichen möchte. Beim erneuten Aufkochen füge ich Pfeffer, Knoblauch, Senfsaat, Piment, Lorbeer und Wacholder hinzu. Ein Wetteifern der Aromen beginnt und hüllt die Küche in eine Wolke aus purem Geschmack. Mit der Menge des Salzes bin ich sehr vorsichtig. Ich taste mich heran. Es soll spürbar sein, aber nicht im Vordergrund stehen. Ich möchte eine Sättigung von etwa sechzig Prozent erreichen, denn die Brühe soll als Basis für viele leckere Gerichte dienen.

Heiß fülle ich den fertigen Wildfond in Einmachgläser. Noch eins und noch eins, bis die Arbeitsplatte mit etwa vierzig Gläsern gefüllt ist. »Eine gute Ausbeute!«, schmunzle ich zufrieden vor mich hin.

13. Kapitel

Traditionelles Aufbruchessen

Die Innereien, den sogenannten Aufbruch, habe ich direkt nach der Jagd gesäubert, vakuumiert und eingefroren. Wenn ich sie in meinen Händen halte, blitzen Kindheitserinnerungen lebhaft auf: Meine Oma und mein Opa lebten in einem kleinen Dorf nahe Ulm, umgeben von Wäldern und Wiesen. Jedes Jahr im März, wenn das Jagdjahr zu Ende ging und im Revier Ruhe einkehrte, versammelten sich die Jäger des Dorfes und ihre Partner bei uns zu Hause. Dieser besondere Tag war dem Aufbruchessen gewidmet, einer alten Tradition, die meine Großeltern mit großer Hingabe pflegten. Der Winter war dem Frühling bereits gewichen, und der Duft von feuchter Erde hing in der Luft, als die Jäger auf dem Hof eintrafen. Es war eine Gemeinschaft von Menschen, die durch die Liebe zur Natur und zur Jagd miteinander verbunden waren. Mein Opa, der Jagdherr, lud gerne zu solchen Anlässen ein.

In der geräumigen Küche meiner Oma wurden die Zutaten für die Zubereitung des Wildaufbruchs vorbereitet.

Leber, Herz, Niere und Zunge der erlegten Tiere lagen bereit. Diese wurden über das gesamte Jahr gesammelt und tiefgefroren, bis die Menge für etwa zwanzig Portionen reichte. Während die Jäger einen Raum weiter Geschichten von ihren Abenteuern im Wald erzählten, bereitete meine Oma den traditionellen Eintopf zu.

Schon bald strömte köstlicher Duft aus der Küche, der die Vorfreude auf das gemeinsame Essen steigerte. Die Jäger und ihre Frauen saßen im Jagdzimmer am festlich gedeckten Tisch, wo ihnen meine Oma den dampfenden Aufbruch stolz servierte. Es war ein Moment der Gemeinschaft und des Dankes für die Gaben der Natur. Die Gesichter strahlten vor Zufriedenheit und der Raum war erfüllt von Lachen. Ich war von klein auf Teil dieser Szenerie; als fleißiger Helfer in der Küche und fröhlicher Genießer während des Essens.

Dieser Tag war ein jährlicher Höhepunkt im Dorfleben.

Teil 3

Achtsam Zubereiten

Kochen beginnt im Kopf, wird mit dem Herzen gesteuert, erfährt Zustimmung durch den Geschmackssinn und findet Zufriedenheit durch den Magen.

14. Kapitel

Treffpunkt der Inspirationen

Die Welt des Kochens erstreckt sich von der einfachen Zubereitung von Fertiggerichten bis hin zu kunstvollen Kreationen eines Sternekochs. Die Bandbreite ist sowohl geschmacklich als auch handwerklich enorm. Während sich mancher mit der Zubereitung einer Fünf-Minuten-Terrine überfordert fühlt, schafft es ein Sternekoch mühelos, komplexe 7-Gänge-Menüs zu zaubern.

Meine Mutter ist eine grandiose Köchin. Nicht im gastronomischen Sinne, sondern eher als Mutter, die ihren beiden Kindern tagein, tagaus ein spannendes, abwechslungsreiches und gesundes Essen zubereitet hat. Fertiggläschen kamen nie auf den Tisch. Meine Mutter hatte schon damals neben ihrer Familie zwei weitere Leidenschaften: ihren Schrebergarten und ihren Thermomix. Karotten, Bohnen, Spargel, Sellerie und alle erdenklichen Kräuter aus eigenem Anbau wurden gekocht, gemixt und serviert. So wurde mein Geschmackssinn vom ersten Tag der festen Nahrung an geschult, geformt und geprägt. Böse Zungen behaupten: verwöhnt. Dadurch entwickelte sich das Kochen zu etwas Großem für mich.

Heute schlendere ich über den Ulmer Wochenmarkt. Ich möchte die Zutaten für unser Weihnachtsmenü einkaufen. Was ich brauche, weiß ich genau, denn das Menü habe ich bereits geschrieben:

Rehconsommé mit Marktgemüse und Rehklößchen

Zweierlei vom Reh mit Schneeballen und Rotkohl

Vanilleeis mit Fichtenspitzen-Sirup

Der Wochenmarkt. Ein Treffpunkt für Menschen, die frische, regionale Produkte schätzen, und Standbetreibende, die ihre Tätigkeit mit Herzblut ausüben. Ein Ort der Farben, Gerüche, Geschmäcker und Inspirationen.

Die Szene auf dem Markt ist lebendig, vielfältig und bunt. Das Gemurmel der Marktbesucher, ihr heiteres Lachen und allgemeine Geschäftigkeit erfüllen die Luft. Der verlockende Duft von Bratwurst sticht mir in die Nase. Winterfeste Blumen wie das Heidekraut und die Scheinbeere lassen mich einen Hauch von Frühling spüren – selbst in der Kälte des Winters.

Während ich an den Marktständen entlangschlendere, fangen meine Sinne die bunten Eindrücke ein. Die unterschiedlichen Farben von Gemüse und Obst wirken wie ein lebendiges Gemälde, das die Vielfalt der Natur widerspiegelt. Im Vorbeigehen probiere ich einen Vacherin Mont d'Or. Die kalte Jahreszeit ist der Höhepunkt für cremige und aromatische Käsesorten. Ich kaufe ein Stück.

Die verschiedenen Gemüsesorten verströmen ihre Wohlgerüche, und meine Gedanken schweifen ab. Plötzlich fühle ich mich in meine Kindheit zurückversetzt und bin im Schrebergarten meiner Mutter.

Das Grundstück liegt auf einer Anhöhe außerhalb von Ulm. Bei gutem Wetter kann man bis zu den Alpen blicken.

Das Sonnenlicht scheint durch das Blätterdach der alten Quittenbäume und taucht die Umgebung in ein warmes, goldenes Licht. Die Geräusche der Natur umgeben mich: das Summen der Bienen, das Zwitschern der Vögel und das sanfte Rascheln der Blätter im Wind. Vorsichtig zupfe ich Himbeere für Himbeere von der Rispe, drehe sie um und inspiziere die Öffnung nach Raupen. »Du musst jede Himbeere genau kontrollieren. Wenn du eine Raupe verschluckst, wächst dir ein Schmetterling im Bauch«, höre ich meine Mutter sagen.

Mein Herz ist voller Freude, während ich die Früchte direkt vom Strauch nasche und den süßen Saft auf meinen Lippen spüre. In der Nähe plätschert leise der kleine Bach. Hier mache ich Jagd auf Frösche, Eidechsen und Würmer. Die Zeit scheint stillzustehen, während ich mich in dieser vertrauten Umgebung bewege. Ich fühle mich eins mit der Natur. Es ist ein Ort voller Spaß, Geborgenheit und unendlichen Möglichkeiten – mein persönliches Paradies.

Die Kindheitserinnerungen an frisches Gemüse, die Vielfalt der Kräuter und die Liebe zum Kochen werden lebendig. Es ist eine Momentaufnahme voller Sinnesfreuden und nostalgischer Erinnerungen.

Ich gehe weiter über den Markt. Die Einkaufstasche ist gefüllt mit frischen Köstlichkeiten: Karotten, Sellerie, Lauch und Zwiebeln für die Schmorsauce. An einem Stand entdecke ich knackige Äpfel, die perfekt zu meinem Rotkohl passen. Die Auswahl an Kartoffeln ist beeindruckend: von festkochenden bis zu mehligkochenden Sorten. Ich wähle Afra, eine spät reifende Sorte. Sie ist gelbfleischig, mehlig, gut im Geschmack und für meine Schneeballen bestens geeignet.

»Schneeballen. Da lacht mein Herz! Kartoffelknödel, die aus einem Drittel gekochten und zwei Dritteln rohen Kartoffeln hergestellt werden. Ein grandioses Rezept meiner Oma.«

An einem Kaffeestand bestelle ich einen kleinen Kaffee mit einem Schuss Milch. Er schmeckt herrlich und wärmt mich. Der Duft von frisch gebrühtem Kaffee erinnert mich an mein morgendliches Ritual, bevor ich auf die Jagd gehe, und somit an das Schmalreh. Das muss mittlerweile einen nahezu perfekten Reifegrad erreicht haben.

Rehconsommé mit Marktgemüse und Rehklößchen

Eine Rehconsommé ist eine klare Kraftbrühe. Für die Zubereitung verwende ich Rehfond und Rehfleisch.

300 g	Rehfleisch (sehnenfreie Abschnitte, die beim Auslösen anfallen)
2	kleine Möhren
3	Petersilienwurzeln
1	kleine Stange Lauch
3	Nelken
10	Wacholderbeeren
4	Eiweiße
4	zerstoßene Eiswürfel
2 L	Rehfond (aus Rehknochen)

Zunächst wasche ich das Gemüse, putze und schäle es. Danach würfle ich es grob. Fleisch, Gemüse und Gewürze verschwinden im Schlund des Fleischwolfs. Gleichmäßig gewolft treten die Zutaten aus.

Es ist wichtig, dass der Suppenansatz zu Beginn eiskalt ist. Das fördert den Herstellungsprozess, denn je langsamer die Brühe aufkocht, desto mehr Trübstoffe werden durch das gerinnende Eiweiß gebunden. Deshalb vermische ich die gewolften Zutaten mit Eiweiß und Eiswürfeln. Ich kremple mir die Ärmel hoch und vermische alles sorgfältig mit meinen Händen. Durch die Kälte werden meine Finger taub. Für einen kurzen Moment schweife ich ab:

Mein Blick ist fest auf das Schmalreh gerichtet. Die Ruhe der Natur umgibt mich. Ich warte geduldig auf den perfekten Moment, um meinen Schuss abzugeben. Mein Herzschlag beschleunigt sich, die Sinne sind geschärft. Ich versinke vollständig in diesem Moment der Konzentration und Verbindung mit der Natur.

Anschließend gieße ich die teigähnliche Mischung aus Gemüse, Fleisch und Eiweiß in einen großen Topf. Mit dem Rehfond vermischt, bringe ich die Mixtur bei schwacher Hitze zum Kochen. Dabei streife ich mit einem Bratenwender über den Topfboden, um zu verhindern, dass das Eiweiß am Topfboden ansetzt. Das langsam gerinnende Eiweiß webt ein Netz, das alle Trübstoffe umfängt und bindet. Die goldbraune Flüssigkeit, die daraus entsteht, ist ein wahres Meisterwerk der Kochtechnik. Glänzend wie das Abendrot, das sich im klaren Wasser eines Bergbaches bricht. Der Anblick entlockt mir ein Lächeln und steigert meine Vorfreude auf das Festessen.

Der reichhaltige Geschmack und die besondere Tiefe sind wie eine Reise durch die Geheimnisse der Natur. Jeder Löffel erzählt Geschichten vom Wald und sonnendurchfluteten Wiesen. Mit jedem Löffel schmecke ich die Liebe und Zuneigung, mit der sie zubereitet wurde.

Die sorgfältige Auswahl der Zutaten und die Handwerkskunst, mit der ich sie zubereitet habe, begeistern mich. Sie ist mehr als nur eine Suppe. Sie ist ein Stück Natur, eingefangen in einem köstlichen Genuss, der Körper und Seele gleichermaßen nährt und erfreut.

Der Kochvorgang erfordert ununterbrochene Präsenz. Mit langen, langsamen Bewegungen rühre ich die sich stetig erwärmende Brühe – eine Art Meditation. Sobald die Brühe aufkocht und sich ein Fleischkuchen an der Oberfläche absetzt, reduziere ich die Hitze und lasse die geklärte Brühe etwa dreißig Minuten ziehen. Anschließend lege ich ein Sieb mit einem sauberen Geschirrtuch aus und filtriere die Consommé durch das feinmaschige Gewebe in einen Topf.

Für die Klößchen schneide ich Rehfleisch aus dem Nacken in kleine Stücke, würze es mit Salz und Pfeffer und lege es zur weiteren Verarbeitung ins Gefrierfach.

250 g	*Rehfleisch*
	Salz, Pfeffer (frisch gemahlen)
1	*Schalotte*
1	*Knoblauchzehe*
4	*Stiele Petersilie*
100 g	*kalte Sahne*
1 El	*Senf*
1/2 Tl	*gemahlener Piment*

Beim Schälen und Hacken der Schalotte und des Knoblauchs treibt es mir die Tränen in die Augen. Die Zwiebelsäure leistet ganze Arbeit. Gründlich wasche ich die Petersilie, schüttele sie trocken und hacke sie ebenfalls fein. Das angefrorene Fleisch verarbeite ich im Standmixer zu einem kompakten, glänzenden Brät. Nach und nach gebe ich kalte Sahne hinzu, um die gewünschte Konsistenz zu erreichen. Sie muss eine glatte Oberfläche haben, ohne schwammig oder gummiartig zu sein.

Nun kommen die gehackte Schalotte, der Knoblauch, etwas Petersilie, Senf und Piment zum Brät. Mit einem Löffel forme ich kleine Nocken, bei denen eine wie die andere aussieht.

In einem Topf erhitze ich ungefähr zweihundertfünfzig Milliliter Consommé. Die Hitze lässt kleine Perlen aufsteigen. Vorsichtig lege ich die Rehklößchen in die Flüssigkeit und lasse sie bei kleiner Hitze offen für acht bis zehn Minuten garen. Währenddessen erwärme ich die restliche Brühe in einem großen Topf. Der köstliche Duft macht mich glücklich.

Die fertigen Klößchen verteile ich in vorgewärmte Suppentassen. Durch ein Sieb gieße ich die Klößchenbrühe zur Consommé und fülle die klare Brühe ebenfalls in die Suppentassen. Zum Abschluss bestreue ich das Ganze mit der restlichen Petersilie und feinen Würfelchen aus

Karotte, Lauch und Sellerie. Die Essenz vieler begeister-
ter Stunden in Wald, Wildkammer, auf dem Markt und
in der Küche.

Zweierlei vom Reh
mit Schneeballen und Rotkohl

Das Zweierlei vom Reh, das aus einem Ragout aus der Schulter und den medium gegarten Rückenstücken besteht, verspricht ein gastronomisches Erlebnis der Extraklasse. Die Kombination aus verschiedenen Zubereitungsarten bietet eine breite Palette von Geschmackserlebnissen.

150 g	Knollensellerie
1	Karotte
2	mittelgroße Zwiebeln
1 kg	Rehfleisch aus Schulter
2 Tl	Puderzucker
1 El	Tomatenmark
350 ml	Portwein
¾ l	Rehfond
½ El	Wildgewürz
1	halbierte Knoblauchzehe
1	Scheibe Ingwer
1	Streifen abgeriebene, unbehandelte Orangenschale
1 El	Preiselbeergelee
3 El	Butter
	Salz
	Pfeffer
	Öl

Ich schäle und schneide Sellerie, Karotten und Zwiebeln in ein Zentimeter große Würfel. In einer Pfanne brate ich sie für zwei bis drei Minuten in Öl an.

Die Rehschulter habe ich bereits in drei bis vier Zentimeter große Würfel geschnitten. In einem weiteren Topf brate ich diese bei mittlerer Hitze in zwei Etappen von allen Seiten an. Das sanfte Bratgeräusch erinnert mich an einen warmen Regenschauer während eines Ansitzes im Hochsommer. Es ist wie das leise Trommeln der Tropfen auf das Blätterdach. Jedes Zischen und Knistern in der Pfanne ist wie eine Melodie, die die Sinne belebt und die Lust auf das kommende Festessen steigert.

Ich nehme das Fleisch heraus und streue Puderzucker in den Topf, den ich hell karamellisieren lasse. Der schmelzende Zucker wirft erst große und dann kleine Blasen, bevor er sich ruhig auf dem Boden der Pfanne ausbreitet. Langsam verändert er seine Farbe von Kristallklar zu einem warmen Braunton. Ich rühre das Tomatenmark ein und lasse es ebenfalls karamellisieren, wodurch es eine tiefere, würzige Note erhält. Dann lösche ich mit Portwein ab, dessen süßlich herbe Aromen sich mit der Säure des Tomatenmarks vermischen und eine unverwechselbare Geschmacksdimension erzeugen. Die Flüssigkeit lasse ich sanft einkochen, bis sie eine sirupartige Konsistenz annimmt. Das verleiht dem Gericht eine reichhaltige und köstliche Textur. Ablöschen, reduzieren, ablöschen, reduzieren. Immer und immer wieder. Meine Frau hat einmal gesagt:

> *»Der Andreas hält es beim Kochen wie unsere Oma Paula beim Rauchen – ständig am Reduzieren.«*

Dann gebe ich Gemüse, Fleisch und Brühe dazu und lasse alles etwa neunzig Minuten bei hundertzwanzig Grad im Ofen weich schmoren. Schon jetzt zeichnet sich ein kulinarisches Feuerwerk ab. Die saftig weich geschmorten Fleischstücke nehme ich aus der Sauce, passiere die Sauce durch ein Sieb und drücke dabei etwas Gemüse aus. Ich möchte nichts vergeuden. Das schwarze Küchengold ist wertvoll.

Ich verfeinere die Sauce mit dem Wildgewürz und lege Knoblauch, Ingwer und Orangenschale hinein, um ihre Aromen freizusetzen. Nachdem sie einige Minuten darin gezogen haben, entferne ich sie wieder. Ihr Zweck ist es, feine Nuancen hinzuzufügen, die die Hauptgeschmacksrichtungen ergänzen, ohne sie zu dominieren. Diese Aromen sollten nur ganz leicht wahrnehmbar sein, ähnlich wie ein dezentes Parfüm, das man nur flüchtig bemerkt. Anschließend würze ich die Sauce mit Preiselbeergelee und Salz, um die Balance zu perfektionieren. Ich lasse abschließend zwei Esslöffel Butter darin schmelzen, um die

Sauce seidig und vollmundig zu machen. Zum Schluss gebe ich das Fleisch wieder in die Sauce und wärme es darin sanft auf. Voilà!

Das zarte Ragout aus der Rehschulter bringt eine schmackhafte, langsam geschmorte Textur mit sich. Die Aromen des Wildfleischs, kombiniert mit den intensiven Gewürzen der Schmorsauce, sorgen für eine reichhaltige und köstliche Basis. Der Saftigkeit der Ragoutstücke steht die medium gegarte Rückenpartie gegenüber, die mit ihrer zarten Konsistenz und dem leicht rosigen Kern eine geschmackliche Vielfalt in das Gericht bringt.

Die Kartoffelknödel bilden die ideale Beilage, um die herzhaften Aromen des Rehs aufzunehmen. Ihre samtige Textur und der feine Geschmack sind perfekt, um die verschiedenen Nuancen des Fleisches zu unterstreichen. Der Rotkohl setzt einen farblichen Akzent. Zudem bringt er mit seiner süßlichen Note, die durch die herb-säuerlichen Boskoop-Äpfel unterstrichen wird, ein Gleichgewicht in das Gericht. Der Duft der Äpfel erinnert an die Aromen des Tresters, den ich beim *Aufbrechen* des Wildes wahrgenommen habe.

Die dunkle Schmorsauce rundet das Geschmackserlebnis ab und verleiht dem Gericht eine zusätzliche Tiefe. Durch die Reduktion aller Aromen und den zugegebenen Bratensaft des Rehrückens entsteht eine konzentrierte, kräftige Sauce, die das Zweierlei vom Reh in eine Einheit verwandelt.

Dieses Essen vereint traditionelle Elemente mit raffinierten Zubereitungsarten und wird die Gaumen meiner Liebsten verwöhnen. Ich wirbele beflügelt durch die Küche. Meine Schwiegermutter schaut mir dabei wissbegierig über die Schulter und notiert die Rezepte akribisch. Sie wird sie nachkochen und ich bin mir sicher, dass ihr Menü genauso gelingt wie meins. Ein lautes Plopp holt mich aus meinen Gedanken. Sehr gut. Mein Schwiegervater hat soeben eine Flasche Wein aufgezogen. Gleich gibt es Essen und alles steht bereit.

Das Essen schmeckt hervorragend. Die Töpfe sind leer, die Teller sehen wie abgeleckt aus. Obwohl die Bäuche spannen und alle satt und zufrieden stöhnen, freut sich die Runde auf den Nachtisch.

Vanilleeis
mit Fichtenspitzen-Sirup

Das Finale dieses fulminanten Abends ist eine Kombination aus einer klassischen und einer traditionellen Komponente.

500 g	Sahne
500 g	Milch
100 g	Zucker
3	Vanilleschoten
6	Eigelbe
50 g	Rohrohrzucker
1/4 Tl	Salz

Ich gebe Sahne, Milch und Zucker in einen Topf. Die Vanilleschoten schneide ich längs auf und kratze das Vanillemark mit dem Messerrücken heraus. Das Vanillemark und die ausgekratzten Schoten kommen zur Sahne-Milch-Mischung, die ich einmal zum Kochen bringe. Dann nehme ich den Topf von der Hitze und lasse die Mischung vierundzwanzig Stunden ziehen.

Am nächsten Tag gebe ich die Eier mit dem Salz in eine große Metallschüssel, rühre sie grob um und lasse sie einige Minuten stehen. Das Salz intensiviert die Farbe der Eigelbe. Dann füge ich den Zucker hinzu und schlage die Mischung über einem siedenden Wasserbad mit einem

Schneebesen auf, bis das Ei deutlich angedickt und schaumig ist. In der Zwischenzeit erhitze ich die vorbereitete Sahne-Milch-Mischung.

Ich nehme die Schüssel mit den aufgeschlagenen Eiern vom Wasserbad und rühre die heiße Sahne-Milch-Mischung langsam ein. Dann stelle ich die Schüssel wieder auf das Wasserbad und rühre so lange, bis die Eismasse deutlich eindickt und cremig wird. Das dauert ungefähr fünfzehn Minuten. Nachdem ich die Vanilleschoten entnommen habe, kühle ich die Eismasse in der Eismaschine für etwa vierzig Minuten herunter.

Das hausgemachte Vanilleeis offenbart beim Servieren seine Cremigkeit. Der süße Duft von Vanille erfüllt die Luft, während das Eis sanft auf die Teller gleitet. Durch den Fichtenspitzen-Sirup, ein Geheimrezept meiner Großmutter, bekommt das Dessert eine regionale Note.

Schon beim ersten Löffel entfaltet sich ein harmonisches Spiel von Süße und Aromatik auf der Zunge. Die Fichtenspitzen verleihen dem Sirup einen frischen und harzigen Geschmack, der das Vanilleeis elegant unterstreicht und eine Kindheitserinnerung aufflackern lässt:

Meine Schwester Kathrin und ich streifen durch den frühlingshaften Wald. Sie hat ihre gelben Gummistiefel an. Ich trage meinen grünen Jägerhut mit der kleinen

Bussardfeder am Hutband. Sie feiert bald ihren siebten Geburtstag, ich bin fünf Jahre alt.

Die ersten Sonnenstrahlen des Morgens scheinen durch das dünn besetzte Blätterdach und tauchen den Wald in ein warmes, sanftes Licht. Ein leichter Wind trägt den Duft von feuchtem Moos und Holunderblüten herüber. Unter unseren Füßen knistern die trockenen Blätter des vergangenen Herbstes, über uns in den Baumwipfeln stimmen die Vögel ein fröhliches Konzert an. Das leise Rauschen der Blätter und das Zwitschern der Vögel begleiten uns, als wir uns behutsam zwischen den Bäumen hindurchbewegen.

Wir sammeln die zarten Fichtenspitzen, die wie grüne Sterne an den Zweigen leuchten. Die seidenweichen Nadeln zwischen unseren Fingern fühlen sich sanft an und hinterlassen einen harzigen Geruch an unseren Fingerspitzen.

Zurück zu Hause bereiten wir unter Omas Aufsicht einen köstlichen Sirup aus den Fichtenspitzen zu. Der Duft des Waldes zieht mit jedem Arbeitsschritt durch die Küche, als wir die Nadeln sorgfältig zerkleinern und mit den »geheimen Zutaten« in einem Topf vermengen. Der aufsteigende Dampf trägt die Aromen der Natur, während der Sirup vor sich hin köchelt und dabei einen intensiven Grünton annimmt.

Es war nicht nur die Zubereitung eines Sirups. Es war eine Reise durch den Wald, eine Verbindung zu unseren Wurzeln und eine Lehre darüber, dass die einfachsten Dinge oft die kostbarsten sind. Der Fichtenspitzen-Sirup, gefangen in einem Glas, birgt den Extrakt des Frühlings und die Magie des Waldes in sich. Gleichzeitig war er Omas Geheimwaffe, ein Allheilmittel des Alltags: bei Halsschmerzen, als Belohnung oder als raffinierte Zutat für Desserts. Er verlieh und verleiht noch heute einen Hauch von Naturverbundenheit und Wärme.

Der Geschmack des Desserts trägt die Geschichte meiner Wurzeln und die Liebe zur Natur in sich, eine süße Erinnerung an die Traditionen, die wir pflegen.

Das zufriedene Lächeln auf den Gesichtern meiner Liebsten beschließt das Festessen. Das Plopp einer neu geöffneten Flasche wird begleitet von erwartungsvollen Augen. Diesmal ist es ein Cognac Grande Fine Champagne. Wir genießen den edlen Tropfen dieses Jahr zum ersten Mal. Herrlich. Bereits beim ersten Schluck hoffe ich, dass auch dieser Genuss zur Tradition wird. Gemeinsam heben wir die Cognac-Schwenker auf unser Wohlsein.

In diesem Augenblick spüre ich erneut, dass die besten Mahlzeiten nicht nur den Gaumen, sondern auch die Seele berühren.

Teil 4

Achtsam Lernen

Im Leben das anzunehmen, was kommt, ist achtsam. Doch die reine Achtsamkeit garantiert keinen Erfolg.

15. Kapitel

Rückblick

Ich stamme von einer langen Linie von Jägerinnen und Jägern ab. Es ist ein Erbe, das von Generation zu Generation weitergegeben wurde, eine Tradition, die tief in unserer Familie verwurzelt ist. Über viele Jahrzehnte hinweg haben sie die gleiche Passion geteilt – mit der gleichen Hingabe und den gleichen Beweggründen. Die Verbundenheit zur Natur, der aktive Naturschutz, das Privileg der *Wildbretgewinnung*, das intensive Erleben der Elemente mit allen Sinnen: All das waren und sind zentrale Bestandteile unserer Tradition. Diese Tradition habe ich gebrochen. Aus mir wurde kein Jäger.

In meiner Jugend gab es für mich wichtigere Dinge: Partys, Kollegen, Frauen, Alkohol. Mein damaliger Beruf als Koch erforderte, dass ich jeden Abend, fast jedes Wochenende und an beinahe allen Feiertagen arbeitete. Dadurch konnte ich nicht mehr an Familienfeiern, Gesellschaftsjagden und anderen traditionellen Veranstaltungen teilnehmen. Bedingt durch die Verschiebung meiner persönlichen Interessen und die äußeren Einflüsse verlor ich nach und nach den Bezug zu den grundlegenden Werten der Jagd, die mir in meiner Kindheit mitgegeben wurden.

Das Jagen und die damit verbundene Tradition spielten in meinem Leben keine Rolle mehr.

Mein Vater und mein Großvater teilten sich damals ein großes Revier und widmeten sich mit Hingabe der Hege und Pflege des Wildbestandes und Jagdreviers. Sie kümmerten sich um Jagdeinrichtungen, betreuten die *Begehungsscheininhaber* und vermarkteten das erlegte *Wildbret*. Nach einer kurzen, schweren Krankheit starb mein Großvater im stolzen Alter von siebenundachtzig Jahren. Die Verantwortung und Arbeit, die zuvor auf vier Schultern ruhten, wollte mein Vater nicht allein tragen. Auf mich konnte er nicht zählen, denn ich war nicht bereit, in die Fußstapfen meines Großvaters zu treten. Nach langem inneren Kampf entschied er sich, das Revier einem seiner Jäger zu überlassen. Getreu dem Motto »Ganz oder gar nicht« hängte er seine Jagdgewehre an den Nagel und mied fortan die Jagd.

So vergingen viele Jahre, in denen jeder sein eigenes Leben lebte. Mein Vater wandte sich anderen Aufgaben und Hobbys zu, während ich beruflich einige Jahre im Ausland verbrachte. Schließlich zog es mich doch wieder zurück in die Heimat. Die Jagd war für meinen Vater nach seiner eigenen Aussage vom Tisch und spielte in seinem Leben keine Rolle mehr. Doch aus meiner Perspektive wirkte es eher wie ein Schwelbrand. Denn wenn man genau hinschaute, konnte man erkennen, dass er noch immer Interesse daran hatte: Trophäen wie Rehgehörne, Keilerwaffen und Tierpräparate aus vergangenen Jagdabenteuern hingen weiterhin im Treppenhaus, Wohn- und Esszimmer. Jedes Jahr verlängerte er seinen Jagdschein, um das sogenannte »Bedürfnis« zu erfüllen, damit er seine Jagdgewehre behalten durfte. Das Abonnement »Deutsche Jagdzeitung« hatte er nicht gekündigt und er las die Artikel aufmerksam. Zudem war es keine Seltenheit, dass er uns nach einem langen Spaziergang erzählte, welche Wildtiere er gesehen hatte. Die Rente meines Vaters rückte näher. Mich beschäftigte zunehmend eine Frage: Was macht mein Vater dann mit der vielen Zeit?

Irgendwann zuckte eine Idee durch meinen Kopf und ich sagte zu Franziska, die damals noch meine Freundin war:

»Ich mache den Jagdschein und überrasche meinen alten Herrn pünktlich zur Rente damit. Vielleicht schaffe ich es so, seine Begeisterung erneut zu entfachen. Und wenn mir danach ist, kann ich ja mal mit auf die Jagd gehen. Dann haben wir ein schönes Vater-Sohn-Ding. Was meinst du?«

Sie muss das Leuchten in meinen Augen gesehen und meine Überzeugung gespürt haben, denn sie antwortete begeistert:

»Das ist eine wunderschöne Idee! Mach das!«, und merkte außerdem an: »Du weißt, dass der Jagdschein – das grüne Abitur – kein Zuckerschlecken ist. Da musst du dich auf den Arsch setzen und lernen!« Sie grinste mich herausfordernd an.

»Ach«, winkte ich lässig ab und legte selbstbewusst nach: »Ich bin unter Jägern aufgewachsen. Das läuft nebenher.«

Ich entschied mich für eine Jagdausbildung bei einem regionalen Anbieter und rief an:

»Jagdschule Lochbühler«, meldete sich eine männliche Stimme.

»Hallo, mein Name ist Andreas Beer. Ich möchte den Jagdschein bei Ihnen machen.«

Ich erzählte ihm die ganze Geschichte und von meinem Plan, meinen Vater damit zu überraschen. Dann ließ ich den Mann am anderen Ende der Leitung endlich zu Wort kommen, aber er sagte nichts.

»Hallo?«

»Ja, ich bin noch dran. Aber jetzt noch einmal, wie ist Ihr Name?«

»Andreas Beer.«

»Beer? Verwandt mit Ernst Beer?«

»Ja, genau. Wieso?«

»Der Beer, der das große Revier in Ulm hatte und einen grünen Subaru Kombi gefahren ist?«

Ich schluckte: »Ja, genau! Das war mein Opa.«

»Das gibt es ja nicht!«, schrie er durch die Leitung und es klang amüsiert. »Ihr Großvater hat mir vor fünfundvierzig Jahren meine Jagdprüfung abgenommen! Fast fünf Jahrzehnte später ruft sein Enkel bei mir an und möchte seine Ausbildung bei mir machen. Das glaube ich nicht!«

»Es dauerte einen Moment, bis ich alle Zusammenhänge begriff. Dann erwischte es mich eiskalt und ich spürte zum ersten Mal seit dreißig Jahren die längst vergessene Zusammengehörigkeit der Jägerschaft.«

Wir tauschten uns noch ein bisschen über Opas Jagdabenteuer aus und lachten. Dann kamen wir wieder auf das eigentliche Thema zurück.

»Der nächste Kurs ist eigentlich ausgebucht, aber wenn du es wirklich ernst meinst, dann kriegen wir das schon irgendwie hin. Es kann sein, dass du die ein oder andere Schießübung außer der Reihe an einem anderen Tag machen musst. Ich muss gewährleisten, dass alle anderen

Teilnehmer planmäßig durch den Unterricht kommen. Wäre das okay?«, fragte Manfred Lochbühler.

»Klar! Wann geht's los?«

»Diesen Samstag ist die Kennenlernrunde. Kommende Woche Montag beginnt der Kurs.«

Also los!

16. Kapitel

Selbstreflexion

Ich sitze in meinem Auto und bin auf dem Weg zur Jagdschule. Die Sonne scheint hell vom Himmel herab, die Wärme dringt durch die Fenster und heizt den Innenraum auf, da meine Klimaanlage leider defekt ist. Auf dem Beifahrersitz liegt ein foliertes Sixpack Wasser, das schrecklich quietscht, weil die Flaschen aneinanderreiben. Daneben mein Collegeblock, bereit, mit Notizen gefüllt zu werden. Was mich wohl erwartet? Ich bin gut gelaunt und motiviert. Was soll schon passieren?

Doch auf der Ladefläche meines VW-Transporters liegt eine unsichtbare Last: die Last der Selbstüberschätzung. In meinem Übermut glaube ich, alles im Griff zu haben, ohne zu wissen, welche Herausforderungen und Prüfungen auf mich zukommen werden. Die kommenden Wochen werden hart. Aber das weiß ich in diesem Moment noch nicht. Allerdings wird es nicht lange dauern, bis ich die Realität knallhart zu spüren bekomme.

Als ich den Schulungsraum der Jagdschule betrete, begrüßt mich Manfred herzlich. Neben mir stehen neun Männer und eine Frau, eine bunt gemischte Gruppe im Alter von einundzwanzig bis fünfundsechzig Jahren. Die jüngeren Teilnehmer haben Tablets dabei, während sich die älteren ihre Notizen in Collegeblöcken machen. Trotz der Altersunterschiede fühle ich mich sofort wohl in der Gruppe. Der Schulungsraum ist hell und hat eine hohe Decke, was für eine angenehme Atmosphäre sorgt. Ringsum hängen und stehen Trophäen und Präparate verschiedener Wildtierarten, was mich an das Jagdzimmer meiner Großeltern erinnert. Gleichzeitig denke ich schon fast überheblich: Hase, Rehbock, Fuchs … kenne ich ja schon alles.

Nach einer kurzen Vorstellungsrunde geht es los. Unser Ausbilder stellt uns die fünf Prüfungsfächer vor, plus die mündlich-praktische Prüfung sowie Waffenhandhabung und Schießprüfung. Mir wird warm. Meine Lippen spitzen sich, während ich wie eine Dampflok Luft abblase. Mit jedem neuen Thema sacke ich mindestens drei Zentimeter zusammen. Daher kommt wohl der Spruch »So klein mit (Jägers-)Hut«, denke ich sarkastisch. Von den vielen unbekannten Fachbegriffen bekomme ich Schweißhände. Wahnsinn, was mich erwartet!

Sechs Wochen Vollzeit von Montag bis Freitag, von 07:30 bis 18 Uhr Theorieunterricht sowie jeweils vier Stunden am Samstag und Sonntag auf dem Schießstand. Danach folgen zwei Wochen für das Eigenstudium, um Wissenslücken zu bearbeiten. Des Weiteren stehen sieben Tage Vollzeit für den abschließenden Drill vor den Prüfungen an.

In diesem Moment zerbröselt mein Gedanke an den schnellen Jagdschein, den ich mal eben nebenher mache. »Ach du Scheiße!«, entfährt es mir. »Worauf habe ich mich nur eingelassen? Eigentlich wollte ich das nur zum Spaß machen.« Willkommen in der Realität.

Fach 1: Tierarten, Wildbiologie, Wildhege und Land- und Waldbau

Ich tauche ein in die faszinierende Welt der Tiere, ihrer Lebensräume und Bedürfnisse. Hier erfahre ich nicht nur, wie ich verschiedene Tierarten identifizieren kann, sondern auch viel über ihre Lebensweise, Ernährung, Fortpflanzung und ihr Verhalten. Mir erschließen sich die komplexen Wechselwirkungen zwischen Tieren, Pflanzen und ihrem Lebensraum. Dabei spielt auch die Bedeutung von Lebensräumen wie Wäldern, Feldern und Gewässern eine große Rolle.

Fach 2: Waffenrecht, Waffentechnik und Führung von Jagdwaffen

Die rechtlichen und technischen Aspekte des Umgangs mit Jagdwaffen sind komplett neu für mich und ich

werde von den gesetzlichen Bestimmungen und Vor-
schriften förmlich erschlagen. Sie regeln den Besitz, die
Führung und den Gebrauch von Jagdwaffen. Dabei geht
es unter anderem um die Voraussetzungen für den Er-
werb eines Waffenscheins, die Aufbewahrungspflichten
von Waffen sowie um die Regelungen zur Waffenfüh-
rung im öffentlichen Raum. Ein weiterer wichtiger Teil
des Fachs ist die Waffentechnik, bei der ich ein Verständnis für die Mechanismen und Bauteile von Jagdwaffen
entwickle. Ich verstehe nun, wie eine Waffe funktioniert,
wie sie geladen, entsichert und abgefeuert wird und welche Sicherheitsvorkehrungen ich dabei beachten muss.
Da ich technikaffin bin, macht mir dieses Fach sehr viel
Spaß.

Fach 3: Jagdbetrieb, Jagdarten und Führung von Jagdhunden

In diesem Fach lerne ich viele faszinierende Aspekte
rund um die Jagdpraxis kennen. Dazu gehören Einblicke
in die verschiedenen Jagdarten und -techniken. Angefan-
gen von der klassischen Ansitzjagd über die Pirsch- und
Drückjagd bis hin zur Fallen- und Hochsitzjagd. Ein
wichtiger Teil des Fachs ist die Ausbildung und Führung von Jagdhunden. Ich erinnere mich noch an Großvaters Hunde Eike, Axel und Elfe. Alle waren reinrassige

»Deutsch Drahthaar« und hervorragend ausgebildet. Diese Rasse ist bekannt für ihre Leistungsfähigkeit.

Fach 7: Jagd, – Tier – und Naturschutz und Jagdethik

Zunächst befasse ich mich mit dem Jagdrecht, das die gesetzlichen Grundlagen für die Jagd regelt, einschließlich Jagdscheinerwerb, Jagdzeiten, Reviergrenzen und Jagdverboten. Ich bin erstaunt, welche Rechte und Pflichten ein Jäger hat und wie er sich laut geltenden Gesetzen verhalten muss.

Ein weiterer wichtiger Teil ist das Tierschutzrecht, das den Schutz von Wild- und Haustieren während der Jagdausübung regelt. Mir wird vermittelt, welche Maßnahmen ergriffen werden müssen, um das Leiden von Tieren zu vermeiden, und welche Konsequenzen Verstöße gegen das Tierschutzrecht haben können. Zudem beschäftige ich mich mit dem Naturschutz- und Landschaftspflegerecht, das den Schutz von natürlichen Lebensräumen und Landschaften regelt. Ein für mich sehr wichtiger Bestandteil der Ausbildung ist die Jagdethik, die die moralischen Grundsätze und Werte der Jagdausübung definiert. Ich setze mich damit auseinander, wie man respektvoll mit der Natur und den Tieren umgeht, welche Verantwortung ein Jäger gegenüber der Umwelt und der Gesellschaft hat und wie man ethische Konflikte löst, die während der Jagdausübung auftreten können.

Fach 5: Wildbrethygiene

Dieses Fach bereitet mir die größten Sorgen, denn hier sind die Prüfungsfragen ein K.o.-Kriterium. Deshalb vertiefe ich mich intensiv in die Thematiken der Wildkrankheiten, der Behandlung des erlegten Wildes, der Gesundheit von Wildtieren und der Lebensmittelsicherheit. Zunächst lerne ich die Erkennungsmerkmale der wichtigsten Wildkrankheiten, um krankes Wild von gesundem zu unterscheiden. Dazu gehören Krankheiten wie Tollwut, Schweinepest, Tuberkulose und verschiedene Parasitenbefälle. Ein weiterer Aspekt des Fachs sind die erforderlichen Hygienemaßnahmen bei der Behandlung des erlegten Wildes. Ich trainiere, wie man das erlegte Wild fachgerecht ausnimmt, küchentauglich zerteilt und hygienisch einwandfrei verarbeitet, um eine Kontamination mit Krankheitserregern zu verhindern. Dabei werden auch Themen wie Kühlung, Lagerung und Transport des Wildbrets behandelt.

17. Kapitel

Bewährte Methoden

Die Prüfung rückt immer näher. Der Druck und die Anspannung steigen. Meine Nerven flattern. Ich versuche ruhig zu bleiben und mich auf das Lernen zu konzentrieren. Leichter gesagt als getan. Irgendwie habe ich im Laufe der Jahre verlernt, wie man lernt. Also lege ich mir eine Strategie zurecht:

Zeitmanagement: Da ich gerade meinen Arbeitgeber wechsle und noch viel Resturlaub habe, ist das das geringste Problem. Ich strukturiere meinen Tag, indem ich von morgens bis abends lerne. Dabei stehe ich jeden Tag zur gleichen Zeit auf und halte auch meine Essenszeiten für Frühstück, Mittagessen und Abendessen konstant ein. Meiner Familie und meinen Freunden erzähle ich nichts von meinem Urlaub. Unter dem Deckmantel der »Arbeit« lernt es sich leichter. Das hat so gut funktioniert, dass ich seitdem ein Doppelleben führen könnte.

Aktives Lernen: Anstatt nur passiv zu lesen, nutze ich die Natur als Lernumgebung. Ich gehe raus ins Freie und betrachte Gräser, Büsche, Getreidesorten und Bäume. Diese vergleiche ich mit meinem Lehrbuch und präge mir Details wie Geruch, Haptik und optische Merkmale ein. So verwende ich beispielsweise den Merksatz: »Die Fichte sticht, die Tanne nicht.«

Wiederholung und Übung: Um Informationen zu festigen, setze ich auf Wiederholung und Übung. Ich nutze Karteikarten, Apps und erstelle Mindmaps. Besonders wichtig ist mir regelmäßiges Training auf dem Schießstand, wobei dies für mich eher eine Königsdisziplin ist und mir keine Sorgen bereitet. Dennoch simuliere ich auch im Wohnzimmer regelmäßig den jagdlichen Anschlag mit einem Besenstiel und schieße auf unser Kuscheltier Ludwig, das an der Gardinenstange hängt. Entschuldigung, Ludwig.

Visualisierung: Meine Wände sind mit A4-Blättern und Bildern tapeziert, die ich mit wichtigen Informationen vollgeschrieben habe. Das hilft mir, das Gelernte zu visualisieren. Es scheint, als wäre ein Verrückter eingezogen. Oder der Wahnsinnige wohnt schon länger hier und zeigt nun sein wahres Gesicht.

Gruppenstudium: Für mich funktioniert das Lernen in einer Gruppe nicht gut. Die Versuchung, mich mit Schnitzel, Pommes und einem Bier abzulenken, ist zu groß. Daher ziehe ich es vor, allein zu lernen, um mich besser zu konzentrieren.

Entspannung und Erholung: Das intensive Lernen macht mich müde, da ich nicht mehr an ein derartiges Pensum gewöhnt bin. Deswegen sind Pausen wichtig für mich. So werde ich nicht so schnell müde und kann mich länger konzentrieren. Auf meinen Spaziergängen merke ich, wie sich meine Wahrnehmung verändert. Ich kann jetzt den Spitz-Ahorn von der Stieleiche und die Silber-Weide vom Weißdorn unterscheiden. Selbst die Vögel auf der Wasseroberfläche sind Blässhühner und keine Haubentaucher mehr für mich.

Der wichtigste Part: Franziska: Sie unterstützt mich, indem sie mich regelmäßig erinnert, dass ich ausreichend schlafe, mich gesund ernähre und mich bewege. Sie macht mir Mut und grinst mich frech an, was mich motiviert.

Generalprobe: Ich stelle mich den kritischen Fragen meiner Tante, der Schwester meines Vaters. Sie ist ehemalige Lehrerin, passionierte Jägerin und meine Verbündete bei diesem Vorhaben. Ich bestehe diesen Test. Was soll jetzt noch schiefgehen?

18. Kapitel

Die Prüfung

Die Waffenhandhabungs- und die Schießprüfung sowie die schriftliche Prüfung habe ich an den vergangenen Tagen erfolgreich gemeistert. Heute stehen die mündliche und praktische Prüfung an. Ich bin nervös. Denn ich habe den Druck zusätzlich erhöht. Gestern hatte mein Vater seinen letzten Arbeitstag. Er ist jetzt offiziell Rentner. Unter dem Vorwand, mit ihm auf seine Rente anstoßen zu wollen, habe ich für heute Abend einen Tisch im Restaurant »Zum wilden Wirt« für meine Eltern, Franziska und mich reserviert. In meiner Vorstellung überreiche ich ihm dort meinen Jägerbrief. Doch erst muss ich die Prüfung bestehen.

Kleider machen Leute. Also kleide ich mich wie ein junger, sportlicher Jäger, der sich farblich an die Traditionen anlehnt: tannengrüne Chino-Hose, weißes Hemd mit Hirschapplikationen und eine schwarze, leichte Steppjacke, die meinen Oberkörper betont. Der lederne Gürtel passt perfekt zu den cognacfarbenen Schuhen. Dass das nicht die beste Entscheidung war, bekomme ich schon bald zu spüren.

Das Areal im Mochental, auf dem die Prüfung stattfindet, ist weitläufig. Für jedes Prüfungsfach gibt es einen separaten Raum. Ein ungeheizter Geräteschuppen dient als Aufenthaltsraum. Und so warten wir Prüflinge angespannt und frierend darauf, aufgerufen zu werden. Ich spüre, wie langsam, aber sicher die November-Kälte durch meine dünne Oberbekleidung kriecht. Mit meinem Outfit habe ich total danebengegriffen. Dann geht's durch den Nieselregen los zu den Prüfungsräumen.

Bei der Prüfung erlebe ich einen Sturm an Emotionen: eine Mischung aus Aufregung und Anspannung, Hoffnung, Angst. Mein Herz klopft schnell, meine Hände sind leicht schwitzig.

In Momenten, in denen ich eine Frage richtig beantworte oder eine praktische Aufgabe erfolgreich lösen kann, fühle ich einen Hauch von Erleichterung und Stolz. Doch ausgerechnet bei der Wildbrethygiene bin ich mir bei einer Antwort unsicher. Hier gibt es kaum Spielraum für Fehler. Jede Wissenslücke kann das sofortige Aus bedeuten. Ich sehe, wie der Prüfer eine Notiz macht, und meine, dass er das Wort »wenig« aufschreibt. Die Gedanken kreisen darum, was passieren wird, wenn ich nicht bestehe. Die Vorstellung, die nächsten Prüfungstermine erst im Frühjahr wahrnehmen zu können, verstärkt den Druck noch weiter.

Nun muss ich an einem toten Tier alle Organe bestimmen und mögliche Krankheiten aufzeigen. Auf dem Weg zur Wildkammer hoffe ich, dass alles gut klappt. Zum Glück wird mir ein Hase vorgelegt. In kurzen, klaren Sätzen bestimme ich die Organe, erläutere Besonderheiten und sage den Prüfern selbstsicher, dass das Tier kerngesund ist. Alles richtig. Ich habe meine Souveränität zurück und doch fühlt sich jede Minute wie eine Ewigkeit an. Ich sehne mich nach dem Moment, wenn die Prüfung vorbei ist und ich endlich erlöst bin.

Am Ende der Prüfung fühle ich mich erschöpft und hoffnungsvoll. Ich habe sechs Stunden mein Bestes gegeben. Das Ergebnis erfahren wir gleich. Es ist ein emotionaler Rollercoaster: Zuversicht, Angst, Zuversicht, Angst …

Die Spannung liegt wie dichter Nebel über der großen Freifläche, auf der sich alle Prüflinge aufstellen müssen. Die Luft ist erfüllt von Nervosität und hoffnungsvoller Erwartung. Es herrscht eine unheimliche Stille, die nur vom gelegentlichen Rascheln der Blätter oder leisen Flüstern der Anwesenden unterbrochen wird.

Als die Prüfer die Namen derjenigen vorlesen, die nicht bestanden haben, zerreißt jedes Wort die Stille wie ein scharfes Jagdmesser.

Bis jetzt ist mein Name noch nicht genannt worden. Sollte ich tatsächlich bestanden haben? In dem Moment, in dem mein Name aufgerufen wird, verkrampfen sich meine kalten Muskeln und mein Herzschlag beschleunigt sich. Ein Strudel von Gedanken überflutet meinen Geist: Bin ich trotz all der Anstrengungen durchgefallen? Kann ich meinen Vater nicht überraschen? Ich bin so perplex, dass ich nicht reagiere.

»Andreas Beer«, sagt der Prüfer erneut. »Sie haben bei Ihrer Onlineregistrierung das falsche Geburtsjahr angegeben. Theoretisch sind Sie hundertfünfunddreißig Jahre alt. Deshalb können wir Ihnen heute keine gültige Urkunde ausstellen. Bestanden haben Sie trotzdem. Waidmannsheil!«

19. Kapitel

Der wilde Ritt zum wilden Wirt

Es ist bereits 16 Uhr, als ich das Prüfungszentrum im Mochental verlasse. Die Zeit ist knapp. Ich muss schnell nach Hause, um zu duschen und mich umzuziehen, bevor wir zum Restaurant aufbrechen. Der Tisch ist für 18 Uhr reserviert und ich will pünktlich sein.

Ich sprinte zum Auto und starte den Motor. Die Straßen sind voll. Mit jeder Minute werde ich nervöser. Der Gedanke an meine Eltern, wie sie am Tisch sitzen und auf mich warten, treibt mich an, schneller zu fahren, auch wenn ich weiß, dass es unnötig und riskant ist. Unterwegs rufe ich Franziska an: »Bestanden! Ich habe bestanden! Alles läuft nach Plan. Ich hole dich gleich ab, und dann fahren wir zum Restaurant«, schreie ich euphorisch in die Freisprechanlage.

Als ich endlich zu Hause ankomme, renne ich die Treppe hinauf und stürze mich unter die warme Dusche. Meine langen Haare wasche ich nicht. Jede Sekunde zählt, und ich kann es kaum erwarten, von meiner Prüfung zu erzählen. Nachdem ich mich angezogen habe, schnappe ich meine Schlüssel und Freundin und stürme aus dem Haus. Der Verkehr ist noch dichter geworden. Dann stecken wir auch noch im Stau und ich werde immer nervöser. Immer wieder schaue auf die Uhr.

Um 18:15 Uhr erreichen wir endlich das Restaurant. Mein Herz pocht, als wir aus dem Auto steigen und zum Eingang eilen. Durch das Fenster sehe ich, dass meine Eltern bereits am Tisch sitzen.

»Andreas!«, sagt Franziska und sieht mich mahnend an.

»Ja«, antworte ich und höre selbst, wie gestresst ich klinge.

»Es ist alles in Ordnung. Wir sind nur unwesentlich zu spät und uns wird niemand böse sein. Lass uns jetzt reingehen und einen schönen und vor allem entspannten Abend haben, ja?«

»Du kennst doch meine verdammte Verbissenheit. Danke!«

Ich atme tief durch, nehme ihre Hand und wir gehen gemeinsam Richtung Eingang.

»Entschuldigung für die Verspätung«, sage ich, als ich mich setze.

Mein Vater winkt ab. »Kein Problem, ich habe dir sicherheitshalber schon mal ein Bier bestellt. Franziska, für dich ein Glas Sekt«, sagt er und grinst. Ich lächle und freue mich darauf, den Abend mit meiner Familie zu genießen. Meine Mutter ist in den Plan eingeweiht, und ich kann deutlich erkennen, dass sie mindestens genauso gespannt auf die Reaktion meines Vaters ist wie ich.

Als die leeren Teller abgeräumt werden und wir uns langsam dem Höhepunkt des Abends nähern, hole ich tief Luft und lege los. Einfach aus dem Herzen, so wie ich es am besten kann.

»Papa«, beginne ich, »ich habe mir die letzten Monate viele Gedanken darüber gemacht, wie die Rentenzeit für dich sein wird. Wie es sich für dich anfühlt, was dich bewegt und was dich langfristig belebt. Auch darüber, was es bedeutet, ›Familie‹ zu sein, und wie wir damit umgehen.«

Ich halte inne und betrachte meinen Vater aufmerksam

Er mustert mich. Er ist absolut ahnungslos. Ich habe ihn mehrere Wochen erfolgreich getäuscht.

»Deswegen habe ich mir etwas überlegt, was uns langfristig vereint und verbindet.«

Ich reiche ihm die Urkunde. Sie ist mit einem roten Faden zu einer Rolle gebunden. Zögerlich nimmt er sie entgegen. Seine Augen sind voller Neugier, aber auch mit einem Hauch von Besorgnis, als wolle er das Geheimnis nicht sofort lüften.

Später erzählt er mir, dass er in diesem Moment befürchtete, dass wir ihm einen Hund gekauft hätten. Eine Verpflichtung, die er nicht mehr übernehmen wollte.

Er betrachtet die Urkunde mit einem misstrauischen Blick. Dann rollt er sie auf. Für einen Moment herrscht absolute Stille. Ungläubig schaut er auf die Urkunde, dann zu mir. Als er realisiert, was er in der Hand hält, überwältigt ihn die Rührung. Freudentränen kullern über seine Wangen und er strahlt. Er hält den Jägerbrief in seinen Händen, ein Symbol, dass die Tradition doch weiterlebt. Dieser Moment der tiefen emotionalen Verbindung wird uns für immer miteinander vereinen – nicht nur meinen Vater und mich, sondern die ganze Familie.

An dem Abend trinken wir das bekannte »Bier zu viel« und lassen uns von unseren Frauen nach Hause fahren, wofür ich dankbar bin. Als wir später in den Abendhimmel blicken und die Sterne über uns leuchten, ahnen wir nicht, dass dieser Tag ein Wendepunkt in unserem Leben ist.

Ende der Geschichte

Ich habe den Jagdschein gemacht, um meinen Vater zu motivieren und gelegentlich mit ihm auf die Jagd zu gehen. Für mich hat sich die Jagd jedoch zu einer Passion entwickelt. Innerhalb kürzester Zeit fand ich jagdlichen Anschluss und erhielt einen Begehungsschein für das Revier eines Bekannten. Wann immer ich Zeit habe, bin ich im Wald unterwegs. Mein Vater hat seine Leidenschaft wiederentdeckt und geht nun wieder aktiv auf die Jagd. Auch er knüpfte schnell wieder Kontakte und ist regelmäßig auf dem Ansitz und auf der Pirsch. Aktuell sind wir jedoch selten gemeinsam bei der Jagd, da unsere Reviere weit voneinander entfernt liegen. Unser Ziel ist, ein gemeinsames Jagdrevier zu pachten. Und Nachwuchs gab es auch: Ino, ein kleiner Münsterländer. Ja, tatsächlich haben sich meine Eltern wieder einen Jagdhund zugelegt. Denn: Jagd ohne Hund ist Schund.

Waidmannsheil
Andreas

Widmung

Liebe Amalia!

Während ich diese Zeilen schreibe, bist du noch im Bauch deiner Mama. Wir freuen uns sehr auf dich! Mein größter Wunsch ist es, dir immer ein liebevoller Vater zu sein, der dir nicht nur Geschichten erzählt, sondern auch ein treuer Begleiter auf deinem Lebensweg ist. Ich möchte dir einige meiner Werte weitergeben: die Liebe zur Natur, Freude am Genuss, Verbindlichkeit und Tradition.

Im Laufe eines langen Lebens werden wir das eine oder andere Mal unterschiedlicher Meinung sein. Ich bin mir sicher, dass wir in einem offenen Gespräch bei einem Spaziergang rund um Wald, Feld und Wiese wieder zueinander finden.

Mit all meiner Liebe und Vorfreude
auf unser Kennenlernen

Dein Papa

Der Autor

Andreas Beer, geboren und aufgewachsen in Ulm, ist vielseitig begabt. Er ist Koch, Allroundhandwerker, Brauer, Jäger, Metzger. Als Autor zeigt er, wie er all seine Fähigkeiten vereint.

Sein Debüt-Buch »Was uns verbindet« ist ein Spiegel seiner Erfahrungen und seiner tiefen Verbundenheit mit den Dingen, die er tut. In lebendigen, farbenfrohen Worten erzählt Andreas Beer von seinem Leben. Er gewährt Einblicke in seine Gedankenwelt und vermittelt gleichzeitig sein Wissen in den Bereichen Kochen und Jagen.

Bibliografische Information der Deutschen Nationalbibliothek:
Die Deutsche Nationalbibliothek verzeichnet diese Publikation in der
Deutschen Nationalbibliografie; detaillierte bibliografische Daten sind
im Internet über http://dnb.dnb.de abrufbar.

Geschichte und Text © 2024 Andreas Beer
wasunsverbindet2024@gmail.com

Textredaktion: Andrea Toll, www.textwerkstatt-ulm.de
Umschlaggestaltung: Schwann Design GmbH, www.schwan.eu
Bilder Cover & Rückseite: Katie Hargreaves Art
Weitere Mitwirkende: Marietta Gorzelany & Peter Bohnacker

Satz und Verlag: BoD – Books on Demand GmbH, In de Tarpen 42, 22848
Norderstedt
Druck: Libri Plureos GmbH, Friedensallee 273, 22763 Hamburg

ISBN: 978-3-7597-9136-8